TRAJECTOIRES DES FEMMES AU CAMEROUN

Emergences Africaines

Dirigée par Magloire KEDE ONANA

La collection « ÉMERGENCES AFRICAINES » se propose de renverser des certitudes faciles. Nous sommes convaincus que l'Afrique, longtemps considérée comme en retrait, s'ouvre au monde, et est plus que jamais au cœur des enjeux. Son Histoire ne doit plus s'écrire ailleurs, par des continents eux-mêmes en crise de modèles à proposer/imposer.

Une nouvelle génération très entreprenante d'Africains et d'Africanistes existe aujourd'hui, qui problématise et réécrit l'Histoire du continent dans toutes ses facettes, et par une approche multidisciplinaire. Il s'agit de dévoiler une Afrique des « Bonnes Nouvelles » : celle qui, parce que plus ouverte au monde, présente tous ses atouts d'émergence.

Dernière arrivée dans la compétition mondiale, l'Afrique est capable d'apporter un élan différent à la mondialisation grâce à son devenir, qui est subordonné à son être.

Déjà parus

Souley Mane (dir.), *L'islam en pays bamum. De Ibrahim Njoya à Ibrahim Mbombo Njoya (1895-2016)*, 2017.

Victor-Joseph BELLA, *Paul Biya, Aminata Ahidjo et le RDPC*, 2017.

Léger NTIGA, *Eglise des martyrs au Cameroun. Enquêtes sur une rivière de sang non élucidée,* 2017.

Bachirou OUMAROU, *L'inventeur et le parasite. Essai sur la problématique de l'émergence des pays sous-développés,* 2016.

Christelle NDONGO, *L'insoumise*, 2016.

Joseph NDZOMO-MOLE et Pierre OBAMA-ÉTABA, *Le cousin barack Obama ? Leçons sur un phénomène historique inédit*, 2016.

Jules Marie BIALO, *L'eucharistie depuis Vatican II, Quel apport pour les communautés chrétiennes d'aujourd'hui ?,* 2016.

LUCY, *Des vieux et les fleurs,* 2015.

Séverin DJIAZET MBOU MBOGNING, *L'accès à la justice au Cameroun, Étude de sociologie juridique,* 2015.

Séverin DJIAZET MBOU MBOGNING, *Réflexions « canoniques » sur les droits de l'Homme au Cameroun et en Afrique,* 2015.

Sous la coordination de

Raymond MBEDE

TRAJECTOIRES DES FEMMES AU CAMEROUN

ENTRE COMPLEXE DU MASCULIN ET CONTESTATION DE L'ORDRE DES APPARENCES

L'Harmattan

5-7, rue de l'École-Polytechnique, 75005 Paris

http://www.editions-harmattan.fr

ISBN : 978-2-343-11713-3
EAN : 9782343117133

LISTE DES AUTEURS

Ambassa Betoko Marie-Thérèse, Université de Yaoundé I (École normale supérieure de Yaoundé)

Bingono Emmanuel, Université de Maroua (Faculté des Lettres et Sciences Humaines)

Edongo Ntede Pierre François, Université de Yaoundé I (Faculté des Arts, Lettres et Sciences Humaines)

Elobo Paul Thierry, Doctorat-Ph.D en Droits de l'homme, Professeur d'Ecole Normale d'Instituteurs

Maguiabou Aline, Ph.D. en Psychologie, Professeur d'Ecole Normale d'Instituteurs

Mgbwa Vandelin, Université de Yaoundé I (Ecole Normale Supérieure)

Mgbwa Vandelin, Université de Yaoundé I (Ecole Normale Supérieure), **Essiane Emane Yves** (Doctorant en Psychologie à l'Université de Yaoundé I) et **Ango Ango Brice** (Conseiller d'orientation)

Ndjebakal Souck Emmanuel, Université de Yaoundé I (Faculté des Sciences de l'Education)

Ngono Ossango Pangrace, Doctorante, Professeur d'Ecole Normale d'Instituteurs

Tchokote Emilie Clarisse, University of Buéa (Department of Guidance Counselling, HTTTC Kumba).

COMITÉ SCIENTIFIQUE

Mimche Honoré (Maître de Conférences)	Sociologie	Université de Yaoundé II
Mayi Marc Bruno (Maître de Conférences)	Psychologie	Université de Yaoundé I
Ebale Moneze Chandel (Maître de Conférences)	Psychologie	Université de Yaoundé I
Bandolo Christine Épse Onguene Essono (Maître de Conférences)	Littérature	Université de Yaoundé I
Matchinda Brigitte Épse Tsayem (Maître de Conférences)	Sciences de l'éducation	Université de Yaoundé I
Akam Marcel (Maître de Conférences)	Sociologie	Université de Ngaoundéré

SOMMAIRE

PRÉFACE

L'Équipe de Recherche en Sciences Sociales associée au Centre de Recherche et de Formation Doctorale de l'Université de Yaoundé I est née le 27 juillet 2016 à l'issue de son assemblée constituante. Elle est principalement l'œuvre de quelques enseignants-chercheurs des universités d'État du Cameroun, soucieux de promouvoir une recherche scientifique de qualité dans leurs différentes spécialités.

Elle a reçu la reconnaissance de l'État du Cameroun suivant récépissé n°00000041/RDA/J06/SAAJP/BAPP du 17 janvier 2017. Son organe de publication est une Revue dénommée *Plurielle*. Voilà le maître mot. Celui-ci va au-delà de la notion d'interdisciplinarité en mettant en avant le concept de polydoxie, c'est-à-dire la pluralité des paradigmes dont l'un des objectifs majeurs est le refus radical du dogmatisme et de l'exclusion. Sur ce plan, je prends à mon compte le point de vue du psychologue allemand Wundt qui distingue dans les apories de la science l'objet matériel et l'objet formel. L'objet matériel est une entité qui peut être examinée par plusieurs spécialistes de différents domaines de la connaissance, mais chacun d'entre eux peut le faire avec ses méthodes propres-objet formel.

C'est donc dans ce cadre que la première parution de *Plurielle* aborde la question de la femme et la femme au Cameroun sous un titre révélateur : « Trajectoires des femmes au Cameroun : entre complexes du masculin et contestation de l'ordre des apparences ».

La note de présentation de Vandelin Mgbwa permet d'entrevoir les différents contours paradigmatiques des articles qui constituent l'ouvrage. Il est donc souhaitable de la lire d'abord avant d'entamer la lecture des articles.

Bonne lecture.

Raymond MBEDE
Professeur émérite

INTRODUCTION-PRESENTATION

Par Vandelin MGBWA, (Université de Yaoundé I, Ecole Normale Supérieure, Email : mgbwavandelin@yahoo.fr)

La féminité est-elle une organisation psychologique élémentaire ou n'est-elle que l'issue dérivée, secondaire d'une masculinité première ? Pourquoi la féminité pose-t-elle un problème ? Le sujet serait-il toujours masculin ? Cette question, telle que cet ouvrage la pose, revient sur les sources du *malêtre* contemporain, marque du *vide existentiel* secrété par l'ordre individualiste, à travers l'atomisation sociale. Lorsque Kaës (2011, p. 259) parle du *malêtre*, c'est qu'il pense à ce qui ébranle les fondements de la vie psychique et de ses corrélats culturels. Le *malêtre,* explique-t-il, met en cause la capacité d'être et d'exister. Parmi les constituants de cette capacité, figure la reconnaissance par un autre et par plus d'un autre de ce que je suis, de ce qu'est l'autre et de ce que nous sommes. *« Si ce que je suis est identique à ce que je vaux, à ce que je ''pèze'', je deviens jetable dès lors que je ne vaux plus rien selon les critères d'utilitarisme ».* Tel est l'un des aspects des processus sans sujet. On le sait, une partie des choix et des postures relève des archétypes qui constituent l'ensemble de l'inconscient collectif. Les archétypes n'ont pas de contenu particulier. C'est par un simplisme qu'on les confond avec les représentations. L'archétype en lui-même est vide. Il s'agit d'un élément purement formel, rien d'autre qu'une possibilité de préformation, forme de représentation donnée *a priori*. Parce que l'opération de substitution dans la représentation a une source tout à fait claire et cette source, c'est le monde extérieur, son action selon Freud (cité dans Green, 1984) se réfère à cette transformation de la réalité qui vient de l'extérieur, dont le modèle est posé au-dehors. Le clivage radical *« ǹnóm ngî/nyìá məyóŋ »* (*autoréférence sociale,* pour emprunter à Muller, 2005) dans la société pahouine (Fame Ndongo, 2002), c'est-à-dire bantou, est une situation anthropologique fondamentale. Les usages sociaux de la catégorie *ǹnóm ngî* dans la conception pahouine (bantou) qui renverraient à l'« homme initié », « homme qui a franchi les étapes de l'initiation » ou encore « celui qui appartient à la société secrète dans laquelle il a été initié ». En revanche, le terme *ǹnóm ngì* renvoyant à *ǹnóm ngì* signifie « gorille mâle » différent de *ǹnǒm ngì* qui veut dire « vieux gorille ». Quant à *nyìá məyóŋ,* la conception pahouine (bantou) du monde la désigne en termes de *nyìá* qui signifie vrai et de *məyóŋ* la communauté. Selon cette conception, *nyìá məyóŋ* renverrait à la lignée féminine. Sans elle, le monde n'existerait pas. Car c'est *nyìá məyóŋ* qui donne la vie, fait grandir et ennoblit. La catégorie *ǹnóm ngî* / *nyìá məyóŋ* se rapporte à ce que Bourdieu (1982) appelle des *rites d'institution* qui exploitent les différences entre personnes pour créer une séparation arbitraire que la culture fait apparaître nécessaire.

Énoncer les choses en ces termes est déjà tout un programme. Cela suppose un fonctionnalisme de type biologique, de type psychologique ou de type sociologique. Cette situation induit une confrontation qui n'est pas une confrontation de génération, mais institue la production d'oppositions binaires et hiérarchiques entre le « *masculin* » et le « *féminin* » entendus ici comme des attributs exprimant « le *mâle* » et « la *femelle* ». La confrontation anthropologique fondamentale évoquée ici ne correspond pas à la différence de générations classiquement donnée, mais permet d'observer la persistance dans le discours. Cette persistance apparaît consciemment ou inconsciemment comme un moyen d'exposer les visées régulatrices d'une intelligibilité qui rendrait possible des matrices concurrentielles et subversives qui viendraient troubler la question de la cohérence et de la constance de la personne. À cet égard, l'identité féminine est-elle un idéal normatif ou un fait de l'expérience ? N'ajoutons pas là au *fourvoiement biologisant* un deuxième fourvoiement chez Freud : le fourvoiement de la phylogénèse. Le fourvoiement biologisant et non fourvoiement biologique, parce qu'il faut bien adopter une position anti-biologique. Or l'homme est un être psychobiologique. De part en part, le biologique nous traverse. On peut donc parler du fourvoiement innéiste parce qu'il y a du biologique acquis aussi bien que du biologique inné.

Réduire la femme au sexe, reviendrait à assimiler la catégorie femme aux aspects apparemment sexualisés du corps et par voie de conséquence, le refus à la femme de la liberté et de l'autonomie. Ce qui renvoie au fourvoiement phylogénétique et innéiste. Car la situation originaire de l'humain qui repose sur la dissymétrie « *masculin / féminin* » mène à la confrontation et par conséquent à la situation anthropologique fondamentale qui s'appuie entre autres sur la constatation de la domination masculine. Or, le développement humain se réalise dans un contexte et celui-ci est principalement d'ordre culturel (Bruner, 1999). Plus précisément, c'est par le contexte culturel que l'activité individuelle prend signification en situant l'intentionnalité qui la sous-tend dans un système interprétatif structuré. Loin de déterminer la structure des conduites humaines supérieures, les facteurs biologiques leur imposent simplement des limites. La culture semble constituer le monde auquel l'individu doit s'adapter, tout en lui offrant les outils pour y parvenir. Le clivage radical énoncé exprime le fait des rapports de domination entre les hommes et les femmes. Ce clivage radical représente et en même temps actualise la difficulté à mettre en œuvre des liens de complicité et de solidarité qui peuvent se tisser entre les acteurs sociaux pour que ceux-ci, quel que soit leur statut, entrent collectivement dans la démarche de projet et de développement. La solidarité entre les divers acteurs doit être conçue comme une orientation à la mise en œuvre d'un processus qui permet l'émergence de sens et de connaissance tout comme le développement et le changement.

Cependant, l'opposition binaire et hiérarchique entre le « *masculin* » et le « *féminin* » évoquée ici sous l'expression pahouine « *ǹnóm ngî/nyìá məyóŋ* » exprimerait le fait qu'une femme ne peut utiliser la première personne « *je* » (Butler, 1999) en tant que femme, car le sujet parlant est particulier. Si bien que l'évocation du « *je* » supposerait par conséquent la capacité à parler au nom de l'humain universel et à ce titre, *« nyìá məyóŋ », « la vraie femme »*, sujet relatif, ne saurait parler du tout (Nkolo Asse et Mgbwa, 2016). Le clivage binaire n'est que l'expression subtile de la pensée dogmatique dont nos sociétés ont hérité. Nos sociétés jusque-là ne parviennent pas encore à gommer la peur de l'autre, mais paradoxalement comporte cette illusion qui est de donner un sentiment de maîtrise cognitive absolu, d'être dans le savoir. Sans vouloir reprendre dans cet ouvrage le portrait psychosociologique et cognitif du « *masculin* » et du « *féminin* », il importe de souligner que le clivage radical suggère une attitude pathologique, associée à la peur de l'autre, mais surtout à un fonctionnement dogmatique hypertrophié.

Or, ce qui est problématique pour l'homme est que son environnement, en tant qu'individu, dépend de l'histoire de son espèce, pas de l'histoire qu'il vit reflétée en gênes et chromosomes, mais plutôt celle qui est reflétée dans une culture qui est à l'extérieur de sa vie et qui dépasse la capacité de chaque individu. Les limites du développement intellectuel dépendent, en effet, de la manière dont une culture aide un individu à utiliser le potentiel intellectuel qu'il peut posséder. Pour Bandura (2003), les gens ont tendance à cultiver leurs aptitudes dans des activités qui leur donnent un sentiment de valeur personnelle, ce qui produit chez eux un sentiment de fierté. Ce qui est valorisé socialement participe à la construction de cette valeur personnelle. Les normes de masculinité et de féminité en vigueur dans nos sociétés véhiculent un modèle idéal à atteindre : « *ǹnóm ngî/nyìá məyóŋ* ». On peut dès lors s'interroger sur les modèles auxquels les filles et les garçons peuvent s'identifier compte tenu de la division sexuée des filières de formation, voire du travail et des discours stéréotypés de l'environnement social. Les acquis culturels ne se transmettent pas par les gênes, mais par l'intermédiaire de la culture (*ǹnóm ngî/nyìá məyóŋ*). Si les transmissions ne se font pas, la culture s'oublie et se perd. Or, depuis quelques années et au regard des statistiques, les filles ont rattrapé, puis sont en train de dépasser les garçons sur le plan scolaire (durée moyenne des études, niveau moyen des diplômes, taux de réussite aux examens, niveau moyen aux épreuves de contrôle des acquis scolaires, etc.). En quelques années au Cameroun, par exemple, la scolarisation des filles s'est fortement développée. De surcroît, elles poursuivent leurs études au-delà de 25 ans (Université de Yaoundé I, 2014-2015). Un autre grand progrès a été celui de la libération des femmes, aussi bien dans la vie domestique que publique. Au cours des trois dernières décennies, les questions féminines - et, plus récemment, celles de la différenciation homme-femme - ont gagné beaucoup d'importance sur les différentes tribunes du développement. Il n'est plus seulement question du fardeau qui pèse sur les femmes des classes défavorisées dans les pays en voie de développement, mais aussi des programmes qui se penchent sur les relations entre les hommes et les femmes dans les pays plus développés. Un bon nombre de problèmes soulèvent de vives réactions et captivent l'intérêt du public. Un message clair ressort de ces analyses : même si des progrès considérables ont été réalisés, les femmes et les filles demeurent désavantagées par rapport aux hommes et aux garçons. Ces désavantages réduisent considérablement le bien-être des femmes et limitent leur participation au développement ainsi que les bénéfices qu'elles pourraient en tirer. Cet ouvrage met en lumière la diversité des inégalités fondées sur le genre d'une région à l'autre et au sein d'une même région.

Quoiqu'il en soit, il s'agit de ne pas oublier que chaque individu suit son propre parcours, il s'agit de l'appréhender là où il en est - du point de vue de ses cognitions, de ses représentations, de ses croyances et de ses contraintes - et que les différences observées entre les lignées masculine et féminine ne rejoignent pas forcément la réalité objective et subjective de ce que vivent, ressentent et peuvent accomplir les personnes. Les avancées mentionnées plus haut, quoique faibles, sont significatives. Le rattrapage dans les formations les plus élevées explique le choix plus fréquent en faveur, non seulement des études, mais aussi et surtout transforme l'ordre des apparences. L'écart entre les lignées ne s'explique pas par la différence de cerveau, mais bien par l'éducation.

Les professionnels de l'éducation ont tendance à croire que les troubles externalisés des garçons représentent un problème qui demande à être traité par une prise en charge psychologique alors que les mêmes troubles chez les filles provoquent plutôt une attitude de compréhension et d'empathie de leur part. Face à des troubles externalisés, la tolérance des éducateurs serait plus grande pour les filles que pour les garçons. Or, les trajectoires de vie sont des produits de l'interaction dynamique des influences personnelles et environnementales. La signification que les filles ont de la représentation de leur trouble induit un biais qui contribuerait à renforcer la surreprésentation des garçons du complexe du masculin. On peut s'apercevoir que les représentations des troubles selon le sexe contribuent à forger une identité, notamment, celle de la femme indépendamment de celle de l'homme qui au contraire entre en opposition avec elle.

Nous présentons ici un regard sur les trois parties de cet ouvrage. Mais les interventions qui y sont recueillies à première vue relativement hétérogènes ont le mérite d'offrir des pistes de lectures multiples à partir d'une variété d'expériences et développent un certain nombre de points de vue concernant les trajectoires des femmes au Cameroun relatifs aux aspects tels que la formation, l'insertion socioprofessionnelle, le handicap et sa gestion par l'individu, les infections telles que le VIH/Sida, l'orientation dans les filières de scolarisation et la recherche de l'emploi, les représentations et pratiques sociales. Le lecteur est invité à proposer sa propre lecture et à entrer en dialogue.

Le premier axe rend compte des expériences d'aménagements adaptatifs observés dans des contextes différents. Alors que Vandelin Mgbwa propose un texte sur l'inhibition du désir d'enfant en formation, mais aussi sur l'élaboration du moi maternel dans un contexte d'étayage en souffrance, Aline Maguiabou Tchidjo présente les aléas de la construction du sentiment identitaire chez la femme en situation de grossesse précoce. Elle aborde la question en termes de « crise » développementale et démontre que la structuration du sentiment maternel et la maîtrise de la parentalité naissante passent par un réaménagement psychoaffectif du cadre de vie de l'adolescente enceinte, autant au sein de la famille qu'en milieu hospitalier. La question de l'identité d'emprunt est aussi évoquée. Car émigrer, c'est faire un saut dans le vide. La prise de risques est alors évidente et relève avant tout dans ce contexte d'une confrontation active et volontaire du sujet à l'inconnu et à l'aléatoire. Pour le sujet réfugié, le risque se joue d'abord dans la scène psychique comme risque de soi, comme une possibilité d'être ou de ne pas être. Il est incontestablement lié à l'angoisse.

En rapport avec la qualité des étais, Pangrace Ngono Ossango propose un travail de soudure autour de la famille qui peut être favorable à la construction de l'identité de genre. Elle démontre dans son texte que la construction de l'identité de genre chez l'adolescente n'est que la résultante de la représentation fantasmatique que celle-ci se fait de ses parents, c'est-à-dire de l'effectivité de l'exercice de la fonction parentale.

Le deuxième axe aborde les aspects liés à la comparaison de la connotation du masculin et du féminin dans le champ social. Cet axe s'ouvre par la problématique du phénomène de « plafond de verre ». Le phénomène de « plafond de verre » est présenté par Pangrace Ngono Ossango, Vandelin Mgbwa, qui évoquent le problème de la mise en œuvre des stratégies de tutorat des pairs, fille/garçon dans la construction du savoir alors que Clarisse Tchokote Emilie questionne les stéréotypes sociaux des sujets porteurs d'un handicap. Emmanuel Ndjebakal Souck s'intéresse à la problématique du management au féminin dans l'enseignement secondaire général public au Cameroun.

Le troisième axe quant à lui, s'intéresse aux questions relatives à l'orientation, au choix des filières ou de professions, mais aussi à la construction du soi social. Les propositions sur l'orientation sont présentées par Pierre François Edongo Ntede sur les pratiques sexuées en orientation scolaire, par Emmanuel Bingono sur l'orientation des filles dans les filières scientifiques et par Vandelin Mgbwa, Brice Ango Ango et Essiane Emane sur la continuité entre l'identité sexuelle, le marché du travail et la construction de la carrière professionnelle. En ce qui concerne les représentations sociales, on recense deux contributions abordant tour à tour la problématique de la dot (Paul Thierry Elobo), le théâtre et la construction de l'image de la femme (Marie Thérèse Ambassa Betoko).

A travers la diversité des propositions et des argumentations, l'ouvrage permet de faire une autre expérience de forme de fragilité psychique. Il met en exergue un ensemble d'invariants concernant les trajectoires des femmes en fonction des représentations et du champ conceptuel concerné. Mais quels que soient les points de vue abordés par les auteurs, il se dégage de l'ensemble un faisceau d'arguments qui attestent des changements notables en ce qui concerne les trajectoires des femmes au Cameroun. Ces trajectoires combinent à la fois assignation, engagement, innovation et authenticité.

Qu'il nous soit permis encore d'exprimer toute notre gratitude au Professeur Émérite Raymond Mbede qui a bien voulu relire le texte de façon très minutieuse, mais aussi au Professeur Jacques Philippe Tsala Tsala dont l'appui et l'expérience ont constitué un élément fondamental pour la publication du présent ouvrage. Nos remerciements s'adressent également à certaines personnalités et aux différentes instances publiques qui nous ont soutenus. Nous pensons ici au Professeur Pierre Fonkoua du Département des Sciences de l'éducation de l'École Normale Supérieure de Yaoundé, au Professeur Barnabé Mbala Ze, Doyen de la Faculté des Sciences de l'éducation, au Professeur Thérèse Mungah Shalo Tchombe, Doyen à la Faculté de l'Éducation spécialisée de la Chaire Unesco de l'Université de Buea, au Professeur Marc Bruno Mayi, Chef de département de l'éducation spécialisée à la Faculté des Sciences de l'éducation, au Professeur Auguste Owono Kouma, Chef de département des lettres classiques et au Docteur Aristide René Nzameyo, enseignant de philosophie à l'École Normale Supérieure de Yaoundé. À toutes ces personnes, ainsi qu'aux autres que nous ne pouvons toutes nommer, nous adressons nos sincères remerciements.

RÉFÉRENCES BIBLIOGRAPHIQUES

Kaës, R. (2011). *Le malêtre*. Paris : Dunod.

Green, A. (1984). Réflexions libres sur la représentation de l'affect. *Revue française de psychanalyse*, 772.

Bourdieu, P. (1982). Les rites comme actes d'institution. *Actes de la recherche en sciences sociales*. 43 (1) 58-63

Muller, P. (2005). Esquisse d'une théorie du changement dans l'action publique. *Revue française de Science politique.*

Fame Ndongo, J. (2002). La femme dans la tradition pahouine. *La femme camerounaise et la promotion du patrimoine culturel national*, 16-35.

Bruner, J. (1999). *Pour une psychologie culturelle*. Rencontre avec Jérome Bruner Sciences humaines. 99.40.

Butler, J. (1999). *Trouble dans le genre*. Paris : La Découverte.

Nkolo Asse, P. et Mgbwa, V. (2016). Effet de l'expérience de la grossesse chez les femmes en situation de formation : hiatus entre l'intime et le public. *Annales de la FALSH, 2*, (17), 241-254.

Bandura, A. (2003). *Auto-efficacité. Le sentiment d'efficacité personnelle*. Bruxelles : De Boeck.

AXE 1 : LES AMÉNAGEMENTS ADAPTATIFS FACE AU CLIVAGE RADICAL

VIVRE EN FORMATION AVEC LE DÉSIR D'ÊTRE MÈRE : UNE EXPÉRIENCE DES FEMMES AFFLIGÉES DE NORMALITÉ

Par Vandelin MGBWA, Université de Yaoundé I (Ecole Normale Supérieure, Email : mgbwavandelin@yahoo.fr)

RÉSUMÉ

Cette recherche analyse les manifestations des femmes affligées de normalité qui, ayant l'air d'être conformes à la règle, présentent un inventaire clinique très polymorphique de symptômes. En effet, la femme en situation de formation est appelée à développer des aménagements adaptatifs et relationnels face à la permanence inconditionnelle des normes, lesquelles constitueraient le fondement des énoncés susceptibles de réassurer le sujet parfois inscrit dans des trajectoires délétères. Or, c'est bien d'un conformisme secrètement autodestructif qui rongerait le sujet et rendrait nécessaire le renoncement pulsionnel dont il s'agit. L'analyse de ces femmes affligées de normalité renseigne que les cas s'accrochent à la jouissance qu'elles ne sont pas prêtes d'abandonner. Est-il possible d'établir une relation entre la permanence des énoncés du fondement, c'est-à-dire la persistance des signaux d'informations temporelles périodiques, et l'inhibition du désir d'enfant chez les femmes notamment après la formation ? La recherche porte sur l'histoire singulière de trois anciennes étudiantes présentant des difficultés à accéder à la maternité alors qu'elles ne présentent aucune défaillance biologique. L'analyse des données laisse transparaître un contraste navrant entre l'absence de cette défaillance biologique et la difficulté à activer les systèmes de défense, c'est-à-dire à restaurer une structure temporelle normale après son altération par la formation. Dans tous les cas, la recherche, au-delà des envies de mourir, révèle des difficultés à faire le deuil d'un passé, à devenir elle-même. En outre, elle permet d'observer chez les femmes l'existence d'une crise maturante et des tendances à la culpabilité (inconsciente).

MOTS CLÉS : identité maternelle, environnement de formation, masochisme punitif, fondements des énoncés, pseudo-normalité.

ABSTRACT

The Life of a Student and the Desire for Motherhood: an experience of woman inhibited by standard.

This research analyzes the manifestations of woman inhibited by standard which, appearing to be consistent with the rule, are of clinical inventory with great polymorphic symptoms. In fact, the woman in a training context is called upon to develop adaptive and relational adjustments vis-à-vis the unconditional consistency of standards, which would serve as a base to statements likely to reassure part of the subject, who sometimes is included in deleterious trajectories. However, it is a self-destructive conformity which secretly tortures the subject and necessitated highlight the instinct renunciation. The study of these women afflicted with normality reveals that some women cling to pleasure they are not ready to give up. Is it possible to establish a relationship between the permanence of basic statements, that is, the persistence of periodic time information signals and the inhibition of the desire for children in women especially after the training? This study focuses on the unique history of three former students with difficulties in experiencing motherhood whereas they have no biological problem. The analysis highlights a distressing contrast between the absence of this biological failure and the difficulty in activating the immune systems, that is, to restore normal temporal structure after its alteration by the training. In any case, this study, besides the pejorative ideas, the desire to die, reveals difficulties to mourn the past, to become herself. Moreover, this study enables us to see in women the existence of a developing crisis, and that, without being depressed, tendency towards guilt (unconscious).

KEY WORDS: maternal identity, training context, punitive masochism, statements bases, pseudo-normality.

1. PROBLÉMATIQUE DE RECHERCHE

En 2014, sous l'insistance pressante d'Amana Nkodo, étudiante alors inscrite à l'Institut National de Jeunesse et de Sport (INJS), nous avions conduit une recherche portant sur l'inhibition du désir d'enfant chez les étudiantes en situation de formation. Nous avions collecté les données dont certaines sont utilisées ici. L'actuelle contribution est un compte rendu d'analyse des manifestations des femmes affligées de normalité, dans une structure les préparant à la vie professionnelle.

L'INJS comme toutes les structures scolaires ou universitaires, dispose d'un règlement intérieur adopté le 31 juillet 2001. Le texte qui régit plusieurs aspects fonctionnels au sein de cette structure fixe les règles générales de discipline et de scolarité et s'imposent à tous les étudiants quelle que soit leur statut (homme, femme, marié ou célibataire, stagiaire, auditeur libre, etc.). Il s'agit d'un processus de transformation des sujets au fil de leurs activités dans ou en dehors des dispositifs organisationnels proposés (Wittorski, 2009). Ce processus de transformation des sujets au fil de leurs activités dans ou en dehors des dispositifs organisationnels proposés est une forme de négociation identitaire (entre le sujet et l'organisation dont l'enjeu est l'attribution par l'organisation ou une tierce qualité) de compétences à l'individu à partir de l'évaluation des résultats de l'activité qu'il a déployée valant attribution/

reconnaissance de place dans l'organisation (identité reconnue/attribuée).

Le règlement intérieur de l'Institut National de la Jeunesse et des Sports stipule, par exemple, en son article 16 que :

> *Toute étudiante (demoiselle ou dame) est soumise en début de chaque trimestre à un test de grossesse. Si ce test s'avère positif, l'intéressée est déclarée d'office dispensée de la pratique des activités physiques pendant la durée de la grossesse. Cette dispense reste valable six semaines après l'accouchement.*

L'Institut National de la Jeunesse et des Sports n'impose-t-il pas une loi fondamentale prohibitive malgré son apparente flexibilité si l'on tient compte de l'évolution des mœurs ? Le texte réglementaire, avec un accent de discours moralisateur, est habillé du sceau de l'évidence et d'une gentillesse infantile désarmante. L'information paraît plutôt favorable aux étudiantes en situation de gestation qui doivent être protégées durant toute la période de grossesse avec un temps de récupération après l'accouchement.

Pour certaines étudiantes, le désir légitime de devenir mère se heurte au discours d'ensemble qui prononce un nombre indéterminé d'énoncés : parmi ceux-ci une place particulière va être prise par la série définissant la réalité du monde, la raison d'être du groupe, l'origine de ses modèles. Cette série comprend, de ce fait, l'ensemble des énoncés qui ont le groupe lui-même comme objet .Cet ensemble, plus ou moins complexe et plus ou moins souple, a toujours comme infrastructure, immuable pour une culture donnée, une série minimale que nous appelons *les énoncés du fondement,* formule qui peut aussi bien s'écrire *le fondement des énoncés,* l'une incluant inévitablement l'autre. Ce n'est pas pur hasard si l'histoire des étudiantes, d'une bonne part de celles qui sont l'objet de cette recherche répètent un même drame socio-affectif : cette réalité, qui brise l'accès à la maternité.

A partir du texte de Freud (1914), Kaës (1993, p.272) écrit que trois idées principales ont retenu mon attention :

> *la première, que l'individu est à lui-même sa propre fin et qu'il est en même temps membre d'une chaîne à laquelle il est assujetti ; la seconde est que les parents constituent l'enfant comme le porteur de leurs rêves de désir non réalisés et que le narcissisme primaire de celui-ci s'étaye sur celui des parents ; la troisième est que l'idéal du Moi est une fonction commune à la psyché singulière et aux ensembles sociaux.*

En partant du contrat narcissique, concept développé par Aulagnier (1975), il y a lieu de considérer que ce contrat généralise les idées freudiennes en expliquant les relations corrélatives de l'individu et de l'ensemble social : chaque nouveau-né qui arrive au monde doit investir l'ensemble en tant que porteur de la continuité, et, réciproquement, à cette condition, l'ensemble préserve une place pour l'élément nouveau. Voilà, en nous référant à Bernard (2001), schématiquement présentés les termes du contrat narcissique. Celui-ci exige que chaque sujet singulier occupe une place offerte par le groupe et signifiée par l'ensemble des voies qui ont développé un discours conforme au mythe fondateur du groupe. Chaque sujet, comme le souligne Jaroslavsky (2013) réinterprétant le contrat narcissique aussi bien chez Aulagnier que chez Kaës, doit reprendre ses discours d'une manière ou d'une autre. Dès sa venue au monde, écrit-il,

> *Le groupe investit l'infans en tant que voix future à laquelle il demandera de répéter les énoncés d'une voix morte et de garantir ainsi la permanence qualitative et quantitative d'un corps qui s'auto-génèrerait de manière continue* (Jaroslavsky, 2013).

Le discours de l'ensemble offre au sujet une certitude sur l'origine nécessaire pour que la dimension historique soit rétroactivement projetable sur son passé, qui sera ainsi soustrait à une référence dont le savoir maternel ou paternel serait le garant, exhaustif et suffisant. L'accès à une historicité est un facteur essentiel dans le processus identificatoire, elle est indispensable pour que le ‘‘Je’’ atteigne le seuil d'autonomie exigé par son fonctionnement. Ce que vient ainsi offrir au sujet singulier l'ensemble va induire le sujet à transférer une partie de la mise narcissique investie dans son jeu identificatoire sur cet ensemble qui lui promet une prime future. Ce temps à venir dans lequel le sujet sait qu'il n'aura plus de place, il peut dès lors se le représenter comme continuation de lui-même et de son œuvre grâce à l'illusion, qui lui fait croire qu'une voix nouvelle viendra redonner vie à la mêmeté de son propre discours qui échapperait au verdict du temps.

Or, l’imprécision des *énoncés du fondement* du régime des études associée à la *charge mentale au travail académique* au sein des institutions de formation ouvre la voie à des aménagements adaptatifs et relationnels qui constituent une multitude de stratégies qui répondent à l’’incertitude de l’environnement de formation, à savoir, l’impossibilité de contrôler le temps ou les événements plus ou moins imprévisibles qui bouleversent les rythmes (biologiques) dans le cas de l’étude de la femme. Est-il possible d’établir une relation causale entre la persistance du *fondement des énoncés,* la *charge mentale au travail académique* et le conformisme secrètement autodestructif dont les femmes en situation de formation font l’expérience parfois, pendant et après la formation ?

2. MÉTHODOLOGIE DE LA RECHERCHE

Pour atteindre les objectifs de la recherche, nous avons analysé le processus dynamique qui est à l'œuvre en prenant en compte la dimension temporelle ainsi que les évènements clés indiqués par les cas et le sens qu'ils y donnent. À cet égard, nous avons opté pour une méthodologie qualitative et plus spécifiquement pour le récit de vie thématique, différent du récit de vie biographique qui s'intéresse à l'histoire de vie complète. Le récit thématique se limite à une période précise de la vie de l'individu en référence au thème de la recherche (Mayer, Ouellet, Saint-Jacques, Turcotte, *et al*., 2000). Dans le cas de la recherche, les cas peinent bien plutôt à faire face mentalement, émotionnellement et physiquement dans une optique d'épanouissement, d'accomplissement de soi, en rapport avec leurs propres besoins, leurs propres valeurs. Évidemment, la recherche porte sur la période de vie centrée pendant et après la formation des cas. Conforme au cadre théorique de recherche, cette approche a permis la *« construction de l'histoire d'un sujet, c'est-à-dire d'un se qui se raconte sa vie en tentant d'articuler son vécu en une unité cohérente afin que s'élabore pour lui-même et pour celui qui l'écoute qui il est »* (Mayer, Ouellet, Saint-Jacques, Turcotte, *et al*., 2000, p.180).

Puisque la recherche s'interroge sur l'inhibition du désir d'enfant chez les femmes après la formation, nous avons retenu des critères de sélection qui rendent compte des caractéristiques de ce vécu. Ainsi, pour faire partie de la population de l'étude, il fallait être :

- en rupture totale avec les instances de formation. Les cas ne sont plus en situation de formation et exercent déjà comme agent public quelque part ;
- démontrer un fort désir d'accès à la maternité. En effet, les cas devaient nécessairement à un moment de

leur vie avoir fait l'objet des consultations chez un gynécologue après la formation. Les résultats de la consultation ne doivent laisser transparaître aucune anomalie d'ordre biologique, même lorsque celle-ci a été identifiée, des dispositions médicales ont été prises pour rendre l'accès à la maternité possible.

Nous cherchons à avoir une diversité de situations (avoir un enfant bien avant la formation, avortement avant, pendant ou après la formation, fausses couches, mode de vie actuelle, etc.). Les trois cas de l'étude que nous avons rencontrés s'ils ont des points communs ont effectivement chacun une histoire bien à eux personnellement.

3. OBSERVATIONS CLINIQUES

3.1. EDUARDA OU L'ENFANT INTÉRIEUR COUPABLE

Eduarda est une femme de 43 ans. Elle est plutôt forte, brune, les cheveux courts et abondants. De prime abord, Eduarda ne paraît pas très féminine, ou plutôt elle s'interdit de montrer et de mettre en exergue sa féminité. Son visage, malgré un sourire quasi permanent, laisse percevoir l'empreinte d'une grande souffrance. Il est vrai qu'en la voyant, nous avons eu du mal à déceler chez elle la maturité d'une femme de 43 ans. Nous lui aurions aisément donné dix ans de moins. Lorsque nous rencontrons Eduarda, elle connaît la vie de couple depuis près de douze ans. Elle entre en formation à l'INJS et en ressort comme conseillère principale de jeunesse et d'animation. Lors de notre premier entretien, Eduarda se montre très souriante, rieuse par moment, sans motif apparent. Nous trouvons cette attitude un peu incongrue, déroutante, chez une femme, qui malgré les multiples initiatives n'arrive pas à concevoir. Nous avons du mal à nous contrôler et à garder plus longtemps le silence, malgré la règle essentielle de la neutralité bienveillante. Nous lui faisons donc part de notre surprise de l'entendre rire pratiquement au bout de chaque phrase alors qu'elle est venue nous exposer ce qui rend sa vie de femme, surtout de femme mariée insupportable. Eduarda nous répond :

> *J'éprouvais déjà des difficultés à concevoir, si bien qu'ayant trouvé le contexte INJS, je n'ai pris aucune mesure de contraception au contraire, je m'étais dit, même s'il faut perdre une année, cela ne saurait être comparable à l'enfant que j'aurai dans mes bras. Mais, malheureusement, rien jusqu'à la fin de la formation. Pourtant trois de mes promotionnaires ont accouché (silence). Avec mon rappel, j'ai engagé une série d'examens médicaux où on a découvert que j'avais des myomes et des kystes.*

Deux périodes marquent le parcours de ce cas. Alors que la première a servi à poser les structures et la nature des relations avec le désir d'accéder à la maternité avant et pendant la formation, la deuxième période a coïncidé avec la volonté de conjurer le mauvais sort. À chaque période du développement de la vie du cas, les activités se déroulent dans des systèmes composés de contextes environnementaux inter-reliés. Les contextes et les conditions environnementales varient dans leur manière d'affecter les processus d'accéder à la maternité comme une vraie femme.

> *Le professeur de m'opérer, il m'a prescrit avant une hystérographie que j'avais fait malgré toute la douleur. Mais, le jour de l'opération, l'hystérographie a disparu et c'est ainsi que je n'ai pas pu être opérée. Huuum ! (silence) depuis même la première relation, je buvais déjà de ces décoctions, je ne sais pas s'il y a un produit indigène que je n'ai pas pris (les pistaches non*

préparés, mélangés avec des sèves d'arbres, d'herbe... Pendant que je suivais mon traitement chez le professeur, je me faisais aussi suivre par des prêtres. Leurs conseils et ceux d'autres femmes âgées que je côtoyais m'ont amenée à me résoudre de ne plus me faire opérer.

A ce stade de l'entretien, nous soulignons un comportement obsessionnel et compulsif chez le cas. L'obsession consiste en des idées qui, tout au moins à un certain moment au cours de la formation, sont ressenties comme intrusives et inappropriées. Il vient à l'idée d'Eduarda qu'elle est en partie responsable de quelque chose dont les conséquences actuelles rendent compte. En réponse à ces pensées si déroutantes et pour tenter de les réprimer, des compulsions sont mises en place, c'est-à-dire des comportements répétitifs que le cas se sent poussé à accomplir selon certaines règles qui doivent être appliquées selon un plan rigide. Par exemple, le recours à la fois à la médecine, aux prêtres et aux tradithérapeutes. Ce qui est étonnant, c'est qu'Eduarda fait partie de ces femmes qui ont réalisé un parcours scolaire et universitaire sans faute et naturellement douée d'une intelligence affective remarquable. Mais ces atouts sont sapés et minés par la défiance et le sentiment de disqualification sociale du fait d'une limite fondamentale : l'accès à la maternité

Je suis née dans une famille très pieuse, accrochée à la religion. Il y avait donc une certaine discipline à la maison. En plus, étant l'aînée et comme on a l'habitude de dire, l'aînée est comme la tête de la locomotive, si elle entre en brousse tous les wagons suivent. Donc, je n'avais pas droit à l'erreur. C'est ça que j'ai intégré à l'esprit ; joignant cela à la doctrine chrétienne, et à mes propres principes, je n'ai pas mené la vie de copain – copine comme certaines jeunes filles, ce qui me préoccupait c'était l'école et l'école.

Eduarda poursuit :

Voyez-vous avec les amours de jeunesse, je ne pouvais pas imaginer que je pouvais éprouver des difficultés d'accès à la maternité. Il est certes vrai que euuuuh je vais te le confesser, moi-même. J''ai été auteur bien avant cette période. Puisque je voulais pousser plus loin avec les études, j'avais une peur morbide de mon grand frère qui répondait de moi à l'époque. J'ai donc à deux reprises eu à faire des interruptions volontaires de grossesse.

Cette posture a une conséquence immédiate : le traumatisme. Ce qui fait traumatisme, ce qui est traumatique ici, est ce qui va dans une certaine manière mettre en panne l'accès à la maternité. Et si on veut penser ce qui met en panne cette éventualité, il faut aussi avoir une certaine représentation de l'accès à la maternité elle-même comme une manière d'être femme. Voilà en quelque sorte une posture qui implique qu'il y ait trauma toutes les fois que l'expérience subjective première, l'expérience à laquelle le sujet a été confronté mais qui n'est pas encore subjectivée, toutes les fois que cette expérience-là va connaître des obstacles majeurs dans le processus de subjectivation, dans le « devenir sujet ». Elle explique :

J'ai des cousines qui ont accouché à l'école primaire. Ce sont autant de choses qui m'ont dégouté depuis mon adolescence. L'envie d'enfant ne me traversait pas l'esprit(...) Ayant trouvé le contexte INJS, je n'ai pris aucune mesure de contraception. Au contraire, je m'étais dit, même s'il faut perdre une année, cela ne saurait être comparable à l'enfant que j'aurais dans mes bras. Mais malheureusement, rien jusqu'à la fin de la formation.

La situation d'Eduarda rappelle que dans les groupes l'existence implique que la majorité des sujets, sauf pendant de très courts moments de leur histoire, acceptent comme vrai un discours qui affirme le bien-fondé des lois régissant leur fonctionnement, définit et impose, le but visé. Ce discours peut être considéré comme la toile qui sous-tend la représentation que le sujet se donne de l'ensemble idéal. Il s'ensuit que le rapport du sujet à l'ensemble dépend de son investissement des énoncés du fondement. Le sujet, en adhérant au champ social s'approprie une série d'énoncés que sa voix répète. Cette répétition lui apporte la certitude de l'existence d'un discours où la vérité sur le passé est assurée, avec comme corollaire la croyance de la possible vérité des prévisions sur le futur. Eduarda est plutôt dans une sorte de désapprobation silencieuse lorsqu'elle choisit d'adopter une attitude contraire au comportement attendu.

3.2. BABITA OU LA FEMME QUI A PERCUTÉ LA NORME

Babita est une jeune femme de 32 ans qui paraît de quelques années plus vieille que son âge. Ses cheveux sont très courts. Elle est de taille moyenne, mais plus petite en raison de sa minceur, je dirais de sa maigreur. Babita a un fils de 6 ans. Elle se présente comme affable et souriante, parlant volontiers, utilisant un langage assez riche et précis. Cela lui donne un *look* d'intellectuelle, si l'on peut dire de femme instruite. Sans doute Babita est enseignante dans un collège de la place. Elle entre en formation en 2000 et la termine en juin 2002. Babita, comme beaucoup, a le sentiment d'être coincée dans un cercle vicieux. Alors qu'elle cherche à restaurer sa féminité dans la vie conjugale, non seulement elle craint la ménopause, mais de plus cette phase du développement humain peut l'enfoncer davantage au lieu de l'aider à s'en sortir. En réalité, c'est parce qu'elle se plaint des fausses couches récurrentes depuis la fin de sa formation qu'elle sollicite de nous rencontrer. Ici comme ailleurs, les symptômes qui font souffrir le Moi ne peuvent être compris ou résolus que grâce à un entretien psychologique minutieux. Pourquoi Babita s'expose-t-elle en bouc-émissaire ? Qu'a-t-elle fait de sa féminité ? Babita raconte :

> *Je crains que la ménopause me surprenne, car même les spécialistes disent que la ménopause n'a plus d'âge. Cette inquiétude m'habite au quotidien. Je crois que c'est aussi pour cette raison que je panique lorsque j'imagine une fausse couche pendant que je suis enceinte. Donc, de façon permanente, je vis dans le stress. Je ne suis sûre que d'une chose, je peux concevoir à tout moment, mais le reste : l'aboutissement de ces grossesses me préoccupe de façon permanente. Et puis, je ne vais pas te cacher que j'ai aussi peur de perdre mon mari hein !*

L'analyse du discours de Babita révèle que les êtres vivants, en particulier, les humains, ne peuvent pas faire n'importe quoi n'importe quand. La question est de savoir quel est le bon moment ? Peut-être faut-il écouter les discours des cas et mettre sur pied un système de formation cohérent qui convienne à tous ? L'idéologie « déterministe » du parcours scolaire n'est-elle pas une aberration dans la mesure où elle contient l'idée implicite que tous les humains ont une même matrice : leurs possibilités d'adaptation ? Comment pourrait-on transformer l'environnement de formation en un écosystème dans lequel l'étudiant est au centre des interactions entre l'équipe pédagogique, les familles, les autres acteurs, les associations, les clubs et autres entités concernées, les responsables académiques et administratifs ? Ainsi, chaque étudiant pourrait-il vivre ses temps successifs dans la complémentarité, dans les interactions constructives et sans rupture, et pour que les égoïsmes, les intérêts personnels, les idées toutes faites, les idéologies puissent être dépassées ?

Or, il y a lieu d'observer que, quelles que soient leurs différences, les énoncés partagent une même exigence : leur fonction de fondement. Cette fonction est une condition absolue pour que se préserve une concordance entre champ social et temps individuel permettant une interaction indispensable au fonctionnement des deux. Mais pour que ces énoncés exercent cette fonction, il faut qu'ils puissent être reçus comme paroles *de certitude :* si cet attribut vient à leur faire défaut, ils peuvent faire l'objet d'un rejet et de ce fait être remplacés par une nouvelle série.

Dans le cas de la recherche, on se rend compte que discours sacré et discours idéologique (profane) sont dans l'obligation de proposer ces points de certitude, qui sont différents dans la forme, mais qui seront identiques dans leur rôle de fondement du champ individuel. Babita le confirme à travers ces propos :

> *Effectivement, j'étais au courant de l'obligation de ne pas accoucher avant même d'y entrer, mais ça ne me préoccupait pas ; j'avais décidé de servir Dieu et cette norme ne me causait aucun préjudice. Et en plus, à partir de ce que je voyais autour de moi, une cousine qui a accouché à 13 ans, son papa était furieux(...) Je suis entrée dans cette école et j'ai percuté la norme réglementaire liée aux grossesses qui m'a beaucoup troublée (...) et certains enseignants qui ne cessent de vous rappeler dès qu'ils en ont l'occasion que vous allez redoubler la classe si vous tombez enceinte, et patati patata...*

En explorant d'emblée le modèle narratif que Babita fournit sur elle-même, ainsi que sur les rapports avec l'institution de formation, on s'aperçoit que le Moi se trouve face à l'interdit, à la *limite extérieure* qu'il lui est enjoint de ne pas franchir sous peine de représailles. Mais, en poursuivant l'analyse, le récit laisse entrevoir la posture d'une victime innocente. Babita est confrontée à une *limite interne,* à une impossibilité, à une impuissance, à un « impouvoir » d'être la femme idéale capable d'accéder à la maternité pour que son conjoint puisse continuer à l'aimer, sans condition et gratuitement. Babita explique :

> *Je dois reconnaître que quand je venais de sortir de l'école, et de façon récurrente, j'oubliais que je ne suis plus en formation, je sursautais parfois de mon lit à 5h me disant merde, je suis en retard, je vais trouver le portail fermé. Il fallait une bonne poignée de minutes pour me raviser que non. C'est plutôt au boulot que je dois aller, et qu'il n'y a aucun portail à fermer pour moi. En plus, même dans les rêves, je me retrouve en train de mimer le « je ne dois pas concevoir », et parfois c'est dans une salle de classe que je me retrouve en présence d'un enseignant qui nous moralise en nous brandissant la sanction du redoublement si on se dérobait de la norme. Parfois, c'est mon mari qui me réveille, et m'informe que j'étouffais de pleurs. Je me rappelle alors que dans mon rêve, on venait de me recaler parce qu'on a découvert que je suis enceinte.*

La culpabilité provient donc de l'échec du fantasme de la mégalomanie et de la toute-puissance féminine. La toute-puissance et la culpabilité sont prises dans un cercle vicieux. Plus la première s'intensifie, plus les occasions de se croire fautive et responsable se multiplient. Babita ne trouve la paix qu'en prenant conscience de ses limites et en les acceptant. C'est précisément la problématique de la *castration,* laquelle, contrairement aux apparences, n'a rien à voir avec les organes génitaux ni avec la sexualité. Babita est contrainte de subir une maltraitance de manière passive, sans défense. Cela signifie qu'elle ne peut absolument rien faire. De même, elle ne peut rien dire en raison des exigences dues à la formation professionnelle. Enfin, elle ne peut opposer aucune défense. Babita est donc coupable de l'échec de son impuissance à accéder à la maternité de façon inconditionnelle, totale et gratuite, coupable d'être contrainte de subir la privation de nouvelle mère. Babita met alors en évidence la dimension fantastique de la représentation de soi en tant que mère et la représentation de l'enfant. On peut extraire quelques indices dans son récit :

> *Si j'avais gardé ces deux grossesses j'aurais de grands enfants aujourd'hui. Mais je ne sais pas ce qui m'a pris. J'ai déjà demandé pardon au Seigneur mais... (Soupir), ce n'est pas facile pour moi, ce n'est pas facile du tout ! Quand on n'a pas son propre enfant, ce n'est pas facile. On te traite de tout, de méchante, de sorcière, de, de, de, de tout. (Jérémiades) (...) Vraiment, s'il m'était donné de renaître, même dans mes rêves, l'avortement ne passerait pas. Et je lance d'ailleurs une alerte à toutes les jeunes filles en leur demandant de protéger leur grossesse quelles que soient les représailles, c'est Dieu qui donne.*

3.3. ADER, "OU VA ATTENDRE, L'ENFANT VIENDRA"

Ader est mariée et a fini sa formation en 2012. Lorsqu'on l'interroge sur son âge, elle répond à peine : 31 ans. Ader paraît plus jeune que son âge réel. Mais pourquoi reste-t-elle approximative et vague sur un fait aussi évident que l'âge ? L'expression de ce doute a permis d'identifier un aspect significatif du vécu d'Ader : le refus ou plus précisément l'anxiété d'accéder à la ménopause. Cette attitude révèle sa volonté de se montrer petite fille, sa difficulté de faire le deuil de son identité ancienne. En effet, rien dans sa tenue vestimentaire, sa façon de se mouvoir et de s'exprimer ne laisse transparaître un quelconque contraste d'un caractère masculin. Son identité sexuée ne souffre d'aucune ambiguïté. Ader a bien des traits et la physionomie d'une jeune fille, mais semble insuffisamment adulte et femme, achevée, accomplie. D'ailleurs, elle est habillée de façon sobre et classique, sans aucune originalité ni recherche d'élégance ou de fantaisie, ce qui correspond davantage à une pré-adolescente qu'à une vraie femme. Quel est le motif de consultation d'Ader ? De quoi souffre-t-elle ? Ader raconte :

> *L'homme propose Dieu dispose, après la sortie et beaucoup de mois après, rien jusqu'aujourd'hui. Quand j'ai donc constaté que quelque chose n'allait pas, et avec les pressions familiales, tu sais chez nous quand il y a un problème de ce genre, c'est la femme qu'on regarde, parce que l'homme lui il fait toujours des enfants. Je suis donc allée à l'hôpital où on m'a prescrit une batterie d'examens et tous les résultats étaient négatifs. On m'a dit va attendre, sois patiente, l'enfant va venir. Je suis rentrée attendre, attendre, et j'attends beaucoup de mois sans suite, et je me réveille encore c'est comment ? Je repars voir le gynécologue qui me prescrit cette fois des examens approfondis, parmi lesquels l'hystérographie (radio des trompes) et c'est là qu'on m'annonce que mes trompes seraient bouchées ; qu'une opération doit être envisagée. J'ai subi l'opération,*

en octobre dernier (2013) et même après cela rien ; des produits, des injections,...rien. Ils ont appelé ça l'endométriose. Je souffrirais donc de l'endométriose.

La structure narrative prend forme au cours de la conversation par le récit et par le compte-rendu des examens. Les caractéristiques de la structure narrative permettent d'examiner en profondeur la capacité à élaborer son expérience et à la communiquer. Bref, le récit montre comment le désir de maternité s'est formé dans l'histoire d'Ader et dans sa relation avec son statut de femme. Le récit montre que le fait d'avoir un enfant pour Ader est présent tout au long de la construction de son identité, mais qui prend des coups par rapport à son état physiologique. L'attente de l'enfant est vécue comme une expérience douloureuse de vide et de perte. Cela rend problématique le développement de la relation mère/enfant à cause d'un espace mental maternel prêt à accueillir un être autre que soi avec des caractéristiques qui lui sont propres et des besoins spécifiques. Au lieu d'éprouver l'envie, comme toute femme, d'aimer et d'être aimée, de donner et de recevoir, elle se ferme en refusant ce dont elle a manqué le plus dans son parcours de femme. Elle continue de s'auto-punir. Pourquoi ? En raison de la *culpabilité de l'innocente* qui la pousse à expier. Pourquoi l'expiation ? À quoi sert-elle ? Comment se manifeste-t-elle ? Ader explique :

Au début, c'est-à-dire quand j'ai constaté qu'il y avait problème, j'ai d'abord supposé que c'était le stress accumulé pendant la formation, j'ai même voyagé, histoire de me changer un peu des idées, respirer un air différent, mais cela en vain. Au regard donc des résultats médicaux, je crois que mon passage à l'INJS n'y est pour rien, enfin, je crois hein (...) Le médecin m'a aussi expliqué dans mes consultations médicales que, et je vais profiter pour sensibiliser les jeunes filles, chez nous on n'a pas la culture des hôpitaux, dans mon adolescence j'ai eu des règles douloureuses ; il disait donc que, quand les règles sont douloureuses, il y a des muqueuses qui se superposent au fil de temps sur les parois des trompes et c'est ce qui a la longue les bouchent. Il est donc impérieux de consulter un médecin aussitôt qu'on ressent ses règles douloureuses afin d'éviter le pire.

Le discours d'Ader confirme l'existence de la culpabilité qu'elle s'évertue à calmer, à apaiser. Elle procède, pour ce faire, en poussant le Moi à s'auto-punir, à se maltraiter, à se sacrifier, à se mortifier, à «chercher des bâtons pour se faire battre», à s'ériger en bouc-émissaire, à s'agresser, à se malmener et, dans les cas extrêmes, à se donner la mort afin de demander et d'obtenir le pardon et l'absolution. Elle déclare :

J'avais grandi avec mes principes, à savoir, pousser assez loin mes études, avoir un travail, me marier et fonder après une famille. Alors, quand j'entre à l'INJS, au premier cycle et que je trouve l'interdiction de grossesse, cela ne m'a causé aucun souci, d'ailleurs je n'étais pas encore mariée, bien que la situation professionnelle fût déjà certaine.

L'environnement de formation a offert une culture, c'est-à-dire un système de valeurs et de normes, un système de pensée et d'action qui doit modeler la conduite de ses acteurs. De ce fait, il a été mis au point une certaine manière de vivre , une armature structurelle (exemple, régime des études, visites médicales, etc.) qui se cristallisent en une culture, c'est-à-dire en des attributions de place, en des attentes de rôles, en des conduites plus ou moins stéréotypées, en des habitudes de pensée et d'action, en des rituels minutieusement observés devant faciliter l'édification d'une œuvre collective. Le cadre proposé est un environnement de formation, mais aussi de socialisation des différents acteurs afin que chacun d'entre eux puisse se définir par rapport à l'idéal préposé.

Imaginaire en tant qu'institution, l'environnement met les femmes au piège de ses propres désirs d'affirmation narcissique et d'identification, dans leur fantasme ou dans leur demande d'amour en se faisant fort de répondre à leurs désirs dans ce qu'ils ont de plus excessif et de plus archaïque. Imaginaire également l'environnement les assure de ses capacités à les protéger de la possibilité de vacillement de leur identité, de leur crainte d'effondrement, de l'angoisse de morcellement réveillée et alimentée par toute vie communautaire, en leur procurant les cuirasses solides, des statuts et des rôles (constitutifs de l'identité sociale) et de l'identité massive de l'institution.

L'environnement de formation se présente comme toute puissance, divine, seule référence, niant le temps et la mort, englobante et dévorante ; d'un autre côté, bienveillant et mère nourricière. Les cas, au regard de leur discours, par exemple, sont toujours menacés par des persécutions externes (économie de consommation) et internes (mutation de la société) désireux de l'empêcher d'accomplir au mieux la mission dont il est investi. Il est traversé par des peurs spécifiques : peur du retour au chaos, peur de l'inconnu externe et interne immaîtrisable, peur des pulsions destructrices et des pulsions amoureuses non contrôlables. Apparaissant ainsi à la fois comme tout puissant et comme d'une extrême fragilité, multipliant les images, l'environnement se présente comme un espace contradictoire qui provoque crainte et tremblement, amour et aliénation. Il semble occuper la totalité de l'espace psychique des cas qui ne peuvent plus *se décoller* de lui et imaginer d'autres conduites possibles. Le processus étouffe, embrasse et fait vivre.

DISCUSSION ET CONCLUSION

De ces observations cliniques, il ressort que les femmes, à travers leurs récits de vie, se trouvent prises dans une série de normes et non dans un système de normes qui serait en mesure d'assurer les femmes de leur cohérence (normes hiérarchisées, normes juridiques, normes de vie historiquement instituées, normes de groupe différentes d'un groupe a un autre), qui empêche les femmes d'avoir des points d'appui, d'étayer leur vie de femme sur un socle solide. Les femmes sont ballotées d'une norme à l'autre, des normes officielles (il faut travailler pour réussir) aux normes insidieuses évoquées (pour optimiser son parcours de formation, il convient de s'en remettre à la providence, à la chance). L'analyse des récits montre que plus les femmes perdent leurs repères identificatoires, plus l'accès au désir d'enfant est mis en cause, en pièces, plus elles sont astreintes à des travaux de deuil et à des processus d'inhibition du désir.

L'étude de ces cas montre que ce sont des femmes qui ont, dans leur vie, rencontré l'arbitraire et non une loi structurante. En effet, elles ont fait l'expérience d'un excès : dans un cas, excès de contacts érotiques, d'amour envahissant, d'attachement englobant, et dans l'autre, excès de coups, de haine destructrice, de vœux de mort ou encore plus simplement expression de l'indifférence de leurs parents (de leurs premiers éducateurs), qui les font vivre dans une situation de carence affective insupportable. Elles n'ont donc pas eu la possibilité de se frotter ni avec des limites et des interdits expliqués et acceptables, et donc structurants ni avec de l'amour positif (quand bien même tout amour est ambivalent) favorisant l'autonomie progressive de leur personnalité. Elles n'ont pas été en mesure de vivre un refoulement nécessaire à la constitution d'un sujet vivant qui, ressortissant à l'ordre de l'interdit et du langage, est toujours le signe que l'instance refoulante a marqué sa présence, son attention et son lieu, aurait été créateur de culture et de langage et aurait donc ouvert la porte de la sublimation. La violence exprimée ici est un discours sans voix. Cette violence, même si elle peut être parlée, elle se vit davantage, elle s'exprime, elle travaille au niveau d'une empreinte sans médiation (sans langage) sur le corps et l'esprit. Le discours de la répression est celui du corps à corps et l'être de la répression (le persécuteur) n'a pour but que de transformer un sujet qui pourrait être désirant en un corps à abattre. Dans un tel cas, aucune structure significative ne peut être constituée. Ce qui est institué par contre, c'est un manque d'espoir associé à une montée des angoisses de mort (angoisse de dévoration, du vide, de l'effondrement). C'est une absence de forme, une impossibilité d'accéder au désir et parfois même une haine mortelle du désir. La violence destructrice et auto destructrice, la tentation de l'apocalypse ou celle du nirvana en sont les fruits.

RÉFERÉNCES BIBLIOGRAPHIQUES

Ammaniti, M., Candelori, C. Pola, M. et Tambelli, R. (1999). *Maternité et grossesse. Étude des représentations maternelles.* Paris : Presses Universitaires de France.

André, J. (2010). *La Sexualité féminine.* Paris : Presses Universitaires de France.

Aulagnier, P. (1975). *La violence de l'interprétation, du pictogramme à l'énoncé.* Paris : Presses Universitaires de France.

Coutanceau, R. (2008). *Amour et violence.* Paris : Odile Jacob.

Dedebant, N., Tournier, C. et Verou, Ph. (2006). *S'adapter en restant soi-même.* Paris : ESF.

Delassus, J.-M. (2010). *Le corps du désir. Psychanalyse de la grossesse*. Paris : Dunod

Freud, S. (1914). Pour introduire le narcissisme. tr.fr. Berger, D., Laplanche, J. et coll. *La Vie sexuelle*, Paris : Presses universitaires de France, 1969.

Ionescu, S. (2010). *Psychopathologie de l'adulte. Fondements et perspectives*. Paris : Belin.

Jaroslavski, E. A. (2013). La crise de couple. *Revue internationale de psychanalyse de couple et de famille*, 13-2013/1.

Juignet, P. (1999). *Les névroses ou le désir et l'interdit*. Paris : Berger-Levault.

Kaës, R. (1993). *Le groupe et le sujet du groupe*. Paris : Dunod.

Kaës, R. (2011). *Le malêtre*, Paris : Dunod.

Mayer, R., Ouellet, F., Saint-Jacques, M.-C., Turcotte, D., et collaborateurs (2000). *Méthodes de recherche en intervention sociale*, Boucherville : Gaëtan Morin éditeur.

MINESUP (1998). *Décret n° 98/1328 du 28 septembre 1998 portant organisation, régime des études et statut de l'Ecole Normale Supérieure*.

MINSEP (2001). *Décision n° 292/MJS/DINJS/SD du 31 juillet 2001 portant Règlement intérieur de l'Institut National de la Jeunesse et des Sports*.

Reinberg, A. (1994). *Les rythmes biologiques. Mode d'emploi*. Paris : Flammarion.

Wittorsky, R. (2009). A propos de la professionnalisation. *Encyclopédie de l'éducation et de la formation*, 781-793.

PRÉCOCITÉ MATERNELLE ET PROCESSUS IDENTITAIRE A L'ADOLESCENCE : LA PROBLÉMATIQUE DE L'ÉLABORATION DU MOI MATERNEL DANS UN CONTEXTE D'ÉTAYAGE EN SOUFFRANCE

Par Aline MAGUIABOU TCHIDJO (Ph.D en Psychologie, Professeur d'Ecole Normale d'Instituteurs. Email : yamdjeualine@yahoo.fr)

RÉSUMÉ

Le présent article explore les mécanismes psychologiques mis en œuvre par l'adolescente pour s'adapter à une maternité survenue de manière inattendue, dans un contexte familial d' « étayage en souffrance ». Dans de nombreuses familles camerounaises en effet, la grossesse de l'adolescente est vécue comme un échec social. Et la mère de la jeune fille, principal recours susceptible de l'accompagner sur le chemin de la maternité, a tendance à démissionner de sa fonction psychoaffective auprès de l'adolescente. Pourtant, la crise développementale que constitue l'entrée précoce en maternité conduit l'adolescente à une véritable quête de repères identitaires en vue de l'adaptation au statut de mère et de la réussite du processus de transition vers l'âge adulte. Quête identitaire dont l'aboutissement favorable dépend, selon les théoriciens de la maternité adolescente, de la présence physique et affective de la mère, vécue comme objet étayant. Dès lors dans un tel un univers psychosocial, comment s'articule la création d'un espace d'élaboration psychique de l'identité maternelle à l'adolescence ? Une étude menée auprès d'un échantillon de onze jeunes camerounaises en situation de grossesse précoce répond à cette question en ces termes : certes la défaillance de la fonction d'étayage maternel a une influence négative sur le déroulement du processus identitaire à l'adolescence, mais l'absence affective de la mère est souvent comblée par une autre figure, une figure de substitution que l'adolescente investit comme objet étayant et modèle d'identification au rôle maternel. Ce qui signifie que même si le processus identitaire peut être perturbé par une fonction d'étayage maternel mal assumée, la quête du moi maternel chez l'adolescente camerounaise connaît néanmoins, dans certains cas, une issue acceptable. C'est sans doute la raison pour laquelle le sujet basculera difficilement dans un mal développement, principalement si ce processus identitaire antepartum est encadré par le personnel sanitaire, à l'occasion ou non des consultations prénatales.

MOTS-CLÉS : Adolescence - Identité – Identification – Grossesse précoce – Crise développementale - Etayage

ABSTRACT

As adolescence, maternity is a kind of crisis. So when they occur at the same time, a conflict is difficult to be avoided. Pregnant adolescent is in fact facing two identity challenges: feminine identity and maternal identity. But in many Cameroonian families, the pregnancy of the adolescent is seen as a social failure, where the mother of the young girl ,the only one susceptible to accompany her during this period has the tendency to resign from her psycho affective function towards her daughter whereas, the developmental crisis which constitute the early entrance to maternity leads the adolescent girl into a real quest for an identity reference point in order to adapt to a mother status. In this lack of breadwinner context, how is the identity process unfolded ? A study undertaken with a sample of eleven early pregnant

Cameroonian adolescent try to bring an answer to this question. As a matter of fact, the changes that occur on the interpersonal relationships within the family, especially with the mother, due to the early pregnancy, seem to make difficult the identity process during adolescence. But the discussion of the results of that study shows that the affective absence of the mother of a pregnant adolescent is often filled up with another figure, a substitution figure which the adolescent incorporates as a model scaffolding object for identification as maternal role. That is why the psychosocial context of live of the early pregnant adolescent should be reorganizing, not only in the family but also in the hospital medium. This will facilitate the psychological structuring of the maternal identity.

KEYWORDS: Adolescence – Identity – Identification – Early pregnancy – developmental crisis –breadwinner

PROBLÉMATIQUE

Les théoriciens de l'adolescence (Abraham, 1985 ; Allard, 2000 ; Audétat et Voirol, 1997 ; Cloutier, 1996 ; Erikson, 1972 ; Kestemberg, 1980 ; Marcelli et Braconnier, 2008) sont unanimes sur le fait qu'à ce stade de développement, les transformations pubertaires s'accompagnent d'un remaniement de l'identité, en vue de l'adaptation du sujet aux changements pubertaires dont il est le lieu. L'une des tâches développementales majeures consiste pour l'adolescent à se défaire des liens de dépendance à l'égard des parents, à faire le deuil des imagos parentales, des objets œdipiens, pour chercher à l'extérieur du cadre familial restreint d'autres modèles d'identification. L'adolescent construit son identité en référence aux modèles sociaux extérieurs, différents des parents.

Cependant la survenue d'une grossesse à l'adolescence conduit à une redéfinition des repères identitaires. En effet, la grossesse, qui survient le plus souvent de façon accidentelle, bien que souvent inconsciemment désirée, fait brusquement passer l'adolescente du statut d'enfant au statut de mère, sans y avoir été préparée. La grossesse précoce propulse donc la jeune fille dans un statut *« pseudo-adulte »* (une sorte d'adolescence avortée), pour parler comme Marcelli et Braconnier (2008, p.205). C'est ce que soutient Guettier quand elle écrit :

> *L'adolescente est dans une quête d'elle-même, de son identité, de sa féminité qu'elle met en scène dans la relation amoureuse. La survenue d'une maternité perturbe et court-circuite cette recherche sur soi-même. La question d'être une femme s'efface par la question d'être mère, trop tôt survenue* (2001, p.71).

Ainsi, l'entrée précoce en maternité perturbe le déroulement normal du processus adolescent qui se résume en l'adaptation aux changements pubertaires et à la construction d'une identité individuelle servant de transition vers l'âge adulte. C'est dans cette optique que Marcelli et Braconnier (2008, p.205) affirment que *« si dans un premier temps la grossesse peut apparaître comme un moyen de conquête d'identité, cette maternité précoce aboutit toujours à des effets de rupture développementale »*. Dans le même ordre d'idées, Erikson (1968, cité par Rocher-Barrat, 2004, p.11) a écrit ceci : « *la période de la grossesse est, de façon essentielle, une période de conflictualité exagérée, une période de crise maturative »*. Et Konicheckis (2006, p.1) de compléter le tableau en faisant de l'entrée en maternité une période de *« crise identitaire »*. Ce qui signifie que comme l'adolescence, la grossesse est une crise, mais une crise normale du développement (Vasconcellos, 2003), une crise maturative (Rocher-Barrat, 2003), qui induit chez l'adolescente des réaménagements psychiques particuliers

(Charbonneau, 2003, p.39). Selon Kaës (1990, p.14), on observe chez un sujet confronté à une situation de crise un *« changement brusque et décisif dans le cours d'un processus »*. Elle implique une rupture, une séparation, un arrachement, un travail psychique spécifique visant le rétablissement de l'équilibre rompu.

> *C'est en effet par la crise que vient la nécessité de chercher appui, de trouver un renfort et un réconfort : par le dérèglement vient aussi celle, dynamique, de créer de nouvelles régulations et d'y trouver plaisir* (Kaës, 1990, p.9).

Il ajoute que le principe d'étayage est « central » dans le processus de dépassement de la crise, *« Il décrit, en effet, l'exigence de travail psychique qu'impose à la psyché sa liaison nécessaire et vitale avec le corporel (la pulsion) et avec l'intersubjectivité (les identifications, le Moi) »* (Kaës, 1990, p.8). Parmi les quatre formes d'étayage identifiées par Kaës (1990, p.9) figure en bonne place l'étayage sur la mère.
A la suite de Kaës (1990), Falque (2003) a démontré que l'adolescent en pleine crise identitaire a recours à l'étayage pour se fixer des repères et retrouver l'équilibre psychique. Bruner (1983) a établi que les parents sont le premier objet d'étayage des enfants, utile à leur développement mental. Et Decherf (2005) a précisé que la défaillance de la fonction d'étayage des parents peut causer une rupture d'équilibre dans le psychisme du sujet et perturber le processus identitaire. Charbonneau (2003) pour parler du cas spécifique de la précocité maternelle (qui marque une rupture développementale et conduit à une crise identitaire) précise que certes l'adolescence implique une réorganisation des rapports avec les parents, dans un souci d'affirmation de son identité et de son autonomie, mais on assiste en revanche à une redéfinition du lien avec les parents chez l'adolescente qui devient précocement mère. Au lieu de se détacher de sa mère, on notera chez cette adolescente une tendance à la

dépendance maternelle. En effet, par l'entrée précoce en maternité le processus de détachement de la mère sera stoppé et l'on observera plutôt un prolongement de la dépendance. Cette position de Charbonneau se retrouve chez des auteurs tels que Guettier (2001) et Melo (2006). Selon Guettier (2001, p.70-71) « *Les maternités précoces peuvent entraîner un lien de dépendance à la famille au moment où la plus grande liberté est réclamée* ». Melo (2006) remarque quant à lui que l'adolescente enceinte nourrit l'espoir que sa grossesse soit acceptée par ses parents, et qu'ils l'aident à la mener à terme.

> *Cette position a des racines multiples : une identification à la mère, bien sûr, mais aussi une demande de permission sur le chemin de la féminité. Après avoir obtenu l'accord maternel pour une sexualité génitale, la jeune fille cherche à obtenir le droit d'enfanter* (Melo, 2006, p.159).

Melo (2006) poursuit en ajoutant que la capacité de l'adolescente enceinte à assumer sa maternité et assurer la fonction maternelle est tributaire de l'acceptation de sa situation par sa propre mère et de l'engagement de celle-ci à la soutenir. Marcos-Sigal (1984, p.150) avait déjà signifié que la relation que la femme enceinte entretient avec ses parents et surtout avec sa mère (dépendance, intégration des différentes identifications et rôles) conditionne la signification que celle-ci donnera à sa maternité, voire la relation qu'elle aura avec son enfant.

Rossi (2002) ; Abdel-Baki et Poulin (2004) ; Bydlowski (2000) ; Sirol (1999), cité dans Billion (2001) et Kumar (2001), des auteurs ayant travaillé sur les relations précoces mères-enfant, s'accordent sur le fait que la future mère a, en premier, besoin du soutien de sa mère, avant celui des autres, pendant la grossesse et après l'accouchement. La mère de l'adolescente a de ce fait auprès de sa fille un rôle fondamental à jouer, lequel devrait favoriser la création d'un espace d'élaboration psychique de l'identité maternelle. En d'autres termes, la construction de l'identité maternelle chez l'adolescente, qui s'inscrit dans un processus de transition vers la parentalité, semble tributaire de la qualité de la fonction d'étayage de sa mère. La fonction d'étayage de la mère se positionne alors comme support de l'identité maternelle à l'adolescence. Cet accompagnement psychoaffectif est d'autant plus nécessaire que la grossesse à l'adolescence même si elle est désirée ou préméditée, n'est pour autant pas associée à un désir d'enfant (Mouras : 2004, p.101).

Or, de ce qui ressort du constat fait sur le terrain, elles sont nombreuses au Cameroun, les adolescentes qui accèdent de façon précoce et inattendue à la maternité : 30% des filles entre 12 et 25 ans ; 7,3% avant l'âge de 15 ans ; 22,7% entre 15 et 19 ans (Tebeu, Kouam, Obama, Wamba, Ngassa, Kamdoum Moyo et Doh, 2002 ; Rwenge et Tchamgoue Nguemaleu, 2011 ; Ndonko, 2003 ; INS, 2012). Ces adolescentes, pour une raison ou pour une autre, se trouvent alors contraintes de conserver leur grossesse. La grossesse de l'adolescente est souvent accueillie au sein de la famille et de la communauté comme une situation embarrassante et déséquilibrante. La raison en est que l'adolescente qui tombe précocement enceinte rompt avec les normes sociales selon lesquelles les événements doivent se succéder ainsi : fin de la scolarité, début de la vie professionnelle, départ de chez les parents, mariage, pour emprunter les expressions de Bidart et Lavenu (1999), Manlove, terry, Gitelson, Papillo, et Russell (2000). Elles sont contraintes de quitter l'école, elles sont souvent stigmatisées par les pairs et par l'entourage en général, parfois reniées par le père de l'enfant qu'elles portent, souvent en conflit avec leurs parents. En ce qui concerne la mère de l'adolescente en particulier, le sentiment de déception qu'elle peut éprouver du fait de l'entrée précoce de sa fille en maternité la conduit souvent à prendre des distances vis-à-vis de cette dernière, démissionnant ainsi de son rôle de mère, supposée accompagner sa fille, précoce et inexpérimentée, dans le processus de construction de son identité maternelle. On entend souvent des mères d'adolescentes en situation de grossesse précoce répondre à leur fille : « *puisque tu as estimé que tu es une grande fille, débrouilles-toi pour t'en sortir !* ». Et l'adolescente se trouve ainsi souvent expulsée du domicile familial. On note par ailleurs chez une autre catégorie de mères camerounaises la tendance à s'approprier la maternité de l'enfant qu'attend leur fille et à fonctionner comme s'il s'agissait de leur propre enfant, interdisant même au père de l'enfant l'accès dans le processus, et empêchant l'adolescente de créer un espace d'élaboration de son Moi maternel. On entendra par exemple des déclarations telle que : « *il portera mon nom » ou « ce sera ma mère/mon père* »). À tel point que l'enfant de l'adolescente ignore souvent qui est sa véritable maman. Il a tendance à appeler « maman » sa grand-mère, dans la mesure où cette dernière fait ombrage à la vraie mère, avec tous les risques psychologiques que cela comporte, particulièrement lorsque cet enfant est rejeté par ses petits oncles maternels.

Dans un tel contexte psychoaffectif caractérisé par la défaillance de la fonction d'étayage de la mère auprès de sa fille, comment comprendre le déroulement du processus identitaire chez l'adolescente en situation de grossesse précoce ? Le problème qui se pose dès lors est celui de la réalisation d'une tâche développementale spécifique à l'adolescence : la quête d'identité dans une situation particulière, celle de la grossesse précoce. Pour résoudre ce problème, une étude a été menée auprès de onze futures parturientes camerounaises ; étude dont nous déroulons ci-dessous les différentes articulations méthodologiques et les résultats obtenus.

MÉTHODOLOGIE

La population cible de l'étude est constituée de l'ensemble des adolescentes de moins de 19 ans reçues en consultation prénatale au Centre Hospitalier Dominicain Saint Martin De Porres entre le mois de Janvier et le mois d'Avril 2013. Le Centre Hospitalier Dominicain Saint Martin De Porres, qui a servi de site de recherche, est un établissement privé de soins de santé, rattaché au District de Santé de Biyem-Assi et situé au quartier Mvog-Betsi, dans l'arrondissement de Yaoundé VI. Ce centre de santé a été choisi du fait qu'il a la réputation d'accueillir un grand nombre d'adolescentes enceintes en consultation prénatale, soit environ 30% des patientes reçu hebdomadairement dans ce service. De la population cible, 11 participantes ont été sélectionnées, conformément aux critères suivants : être de nationalité camerounaise ; être située dans la tranche d'âge 13-18 ans (au plan psychologique, cet intervalle correspond à l'âge de la construction des règles sociales et au processus qui conduit à la structuration de l'identité) ; être porteuse d'une grossesse d'au moins douze semaines d'âge (c'est à partir de cet âge que la grossesse est physique, ressentie) ; être célibataire, vivant avec parents, la mère spécifiquement, ou tuteurs (la dépendance à l'égard des parents maintient le sujet dans le statut d'adolescent) ; être primipare. Les cas de grossesses issues de viol ont été exclus.

L'entretien clinique semi directif, le test de dessin d'une personne de Machover et une grille d'observation indirecte des participantes à l'étude ont servi d'instruments de collecte des données empiriques. L'entretien clinique, sur la base d'un guide d'entretien semi-directif, a fourni des informations relatives au contexte socioculturel qui a précédé la grossesse, à la relation mère-adolescente, et au déroulement du processus identitaire chez l'adolescente.

Le test de dessin d'une personne de Machover, en tant que test projectif, a été utilisé dans l'optique de compléter les informations fournies par le guide d'entretien. Il a permis notamment d'obtenir auprès de l'adolescente des informations relatives à : la représentation de soi, la représentation de soi comme mère, la représentation de l'enfant à naître, la représentation de sa propre mère. Bref ce test a apporté des renseignements sur l'image du corps de l'adolescente, c'est à dire sur son sentiment d'identité personnelle, mais aussi sur son identité sociale, dans ses rapports avec son entourage. La confrontation entre le corps dans le dessin et le corps réel de l'adolescente examinée a permis d'analyser et de comprendre le déroulement du processus identitaire chez cette dernière. À l'aide d'une grille d'observation préalablement construite, des informations sur le comportement de la future mère face aux exigences médicales (assiduité et ponctualité aux visites médicales, observance du traitement prescrit, respect des différents examens, prise du vaccin antitétanique, assiduité et participation à la causerie éducative) ont été recueillies auprès du personnel soignant et de l'adolescente elle-même. Cet instrument était précisément destiné à apporter des informations complémentaires aux données recueillies grâce aux deux premiers outils de collecte, notamment sur l'élaboration de l'identité maternelle. Il devait permettre de vérifier si l'adolescente a commencé à adopter un comportement maternel, si elle a commencé à jouer son rôle de mère, si elle a des préoccupations maternelles, bref si la représentation de soi comme mère est chez elle effective.

Les données ainsi recueillies ont été analysées dans une approche qualitative : *l'analyse de contenu* a permis d'exploiter les entretiens semi-directifs sur la base d'une grille d'analyse thématique ; *une grille d'analyse* des dessins et des réponses au questionnaire qui accompagne les dessins ont permis d'exploiter les données obtenues au test projectif. Les paramètres relevés dans la grille d'observation de chacun des cas étudiés ont été commentés pour donner une lecture du comportement de l'adolescente face aux exigences médicales.

RESULTATS

Le travail de terrain a porté sur 11adolescentes en situation de grossesse précoce. Elles ont entre 15 et 18 ans, elles sont toutes primipares, célibataires, et habitent la ville de Yaoundé, soit avec les deux parents, soit avec la mère seulement, soit avec un tuteur. Elles sont originaires des régions du Nord, du Sud, du Centre et de l'Ouest. Elles sont de religion catholique, protestante, adventiste et musulmane, religions dont elles reconnaîtront ne pas véritablement en pratiquer les préceptes. L'âge de la grossesse chez chacune d'elle se situe bien au-delà du premier trimestre et varie entre 5 et 9 mois. La durée des séances de travail était comprise entre 50 minutes et 1heure15minutes. Ces séances ont porté notamment sur un entretien clinique, la passation d'un test projectif et l'exploitation d'une grille d'observation indirecte.

- *Recadrage thématique et analyse des résultats de l'entretien :* il s'agit ici de faire une lecture transversale et donc comparative du contenu des discours des cas étudiés, en référence aux thématiques fondamentales de l'étude. Des extraits du discours dont le contenu se rapporte aux thèmes et sous-thèmes de l'étude ont ainsi été sélectionnés chez chacun de nos sujets d'étude.

Tableau1 : Recadrage thématique

Thèmes	Sous-thèmes	Verbatim
Fonction d'étayage maternel *(défaillante)*	Dialogue sur l'état de grossesse de l'adolescente	*« Le problème c'est ma mère, je ne comprends pas (silence), moi je ne comprends pas pourquoi elle est calme, elle ne parle jamais de ça (la grossesse), pourquoi elle ne réagit pas ? Quand je lui avais dit elle m'a dit que "c'est ton problème, toi-même tu vas dire à ton père, moi je ne veux même pas me mêler de ça". Moi j'attends d'elle qu'elle me*

		parle, qu'on cause, qu'on parle de ma situation » (Liz) *« On ne parle pas de ma grossesse, jamais (...) On ne parle pas de ça. Quand je lui pose même beaucoup de questions elle se sent gênée, parce qu'elle n'attendait pas ça de moi, c'est pour ça qu'elle n'aime pas trop parler de ça avec moi. C'est moi-même qui ai voulu commencer les visites, ma mère ne m'a rien demandé. Je vous ai dit qu'elle n'aime pas qu'on aborde ce sujet » (Ruby)* *« Je sais qu'elle est fâchée, mais toute chose finit toujours par s'arranger. Ce que je veux c'est que elle me regarde comme avant, comme si j'étais encore sa fille, son bébé qu'elle portait, qu'elle ne me traite pas différent des autres enfants » (Dany)*
	Dialogue sur la santé de l'adolescente	*« J'aimerais que ma tutrice change sur le point que elle doit, elle doit quand même donner les conseils aux gens, elle ne doit pas seulement voir et laisser, elle voit elle laisse, elle voit elle laisse, elle ne dit jamais rien » (Any)*
	Conseil relatifs à la santé de la mère	*« Ma mère ne m'a rien interdit, elle ne me parle pas de ma grossesse, elle ne parle pas. Un jour mes seins ont commencé à couler, je lui ai demandé pourquoi ça coule, elle m'a dit " tu vas accoucher demain ? " j'ai dit " non ", elle m'a dit " alors, ce n'est rien ! "»(Liz)*
	Conseils sur la santé du bébé	*«Je fais toujours tout comme avant, rien n'a changé. Personne ne me conseille, personne ! Il n'y a personne pour ça » (Any)* *« On ne parle pas de ma grossesse, jamais (...) Elle n'a pas de projet par rapport au bébé » (Ruby)* *« Je peux dire que son seul projet maintenant c'est que j'obtienne le bac.*

		Elle n'a pas de projet par rapport au bébé, elle ne parle pas du bébé. Elle veut seulement que je poursuive mes études » (Jane)
	Conseils relatifs au rôle maternel	*« Personne ne parle de comment je vais faire (...) donc je ne sais pas encore comment je vais faire (...) Ah ! Je vais me débrouiller ! » (Rèn)* *« J'aimerais qu'elle me soutienne, qu'elle m'aide aussi, qu'elle me donne peut-être aussi les conseils, eeeeeet peut-être aussi les moyens (financiers). Elle est ... J'aimerais aussi oui qu'elle m'assiste financièrement, mais qu'elle dialogue aussi avec moi, qu'elle me dise un peu comment je vais faire maintenant, et quand je vais accoucher, parce que si elle me laisse seul je ne sais vraiment pas comment je vais m'en sortir » (Kloé)* *« Je ne sais pas qui peut m'apprendre tout ça, quelle mère ? »(Any)*
	Comportement face aux CPN	*« On ne parle pas de ça (...) Je voudrai qu'elle me donne des conseils, qu'elle soit toujours près de moi, que quel que soit ce que j'ai fait, même si ça l'énerve comment qu'elle soit toujours auprès de moi. C'est ce que je veux. Parce que un enfant ne peut pas vouloir toujours énerver sa mère » (Ruby)* *« Elle ne demande pas comment je vais, comment va le bébé, les choses comme ça non ! (...) Elle ne m'a rien interdit hein ! Elle dit même que je dois continuer mes travaux que je faisais à la maison » (Jane)*
	Appropriation de la grossesse	*«elle voulait que j'aie au moins le bac, mais comme je vais accoucher là il faut que je voyage après, parce qu'elle ne veut pas que reste ici au Cameroun continuer d'accoucher, elle ne veut pas que je me perde (...)Son problème c'est que je parte en mariage là-bas (en*

		occident) Pour l'enfant ma maman m'a dit que mon enfant c'est son enfant, que dès que j'accouche, je peux partir, elle va rester avec l'enfant » (Mary)
Construction de l'identité maternelle	Processus d'élaboration de la représentation de soi comme mère	*« Je trouve que mon corps est plus laid qu'avant (...) J'aimerai diminuer un peu, je n'aime pas être trop grasse comme je suis là maintenant, j'aime quand mon corps est nette. J'ai dit que je vais perdre du poids, j'attends l'accouchement, je vais faire le régime » (Noémie) « Je ne veux pas avoir le gros ventre » (Mary) « Quand le bébé me botte non?, quand il botte fort je lui demande de ne plus me botter. Et comme il paraît que j'ai un retard d'accouchement je demande aussi au bébé qu'est-ce qu'il attend » (Kloé) « Je ne me vois pas belle, trop de boutons, et un long ventre je ne m'habille plus bien, je ne peux plus porter les pantalons jeans, les culottes. Je sais que bientôt je vais accoucher, donc ce qui est sûr je vais reprendre, je veux être sexy, je veux plaire à moi-même ! » (Maud) « je ne voudrais même pas que on soupçonne ça (la grossesse), je ne voudrais pas qu'on sache. Ma tenue c'est une robe, ma robe est bien grande (...) Avant j'étais plus belle que ça » (Ruby) « C'est vrai que je n'ai pas encore vraiment bien accepté le fait que la grossesse » (Jane)*
	Processus d'identificatio n au rôle maternel	*« Je ne cause pas souvent avec elle (sa fille), je n'ai pas souvent le temps » (Mary) « Avec mes copines rien n'a changé, on fonctionne toujours de la même façon. On sort, on se balade, on va à la piscine,*

		à la fête... rien n'a changé, tout va bien, moi je fais toujours tout ce que je faisais avant » (Rèn) *« Je pense que c'est plus de quarante-deux semaines hein, regardez un peu dans mon carnet» (Kloé)* *« Comme il est dans le ventre là maintenant je n'imagine rien. On parle à l'enfant dans le ventre ? Je ne parle pas avec lui » (Any)* *« Il faut que je sois prête, que je sois vraiment prête (...) C'est pas facile hein, de sauter du coq à l'âne comme ça ! C'est pas facile ! » (Jane)* *« je ne sais rien de ça (...) Je ne sais pas encore ce que je vais faire (...) Celle qui pouvait même m'aider est aussi enceinte »(Tiya)* *« je suis ignorante en la matière (...) Je ne sais pas le nombre de mois que j'ai (...) Je ne lui parle pas » (Dany)*
	Capacité à décider pour soi (en impliquant son nouveau statut de mère)	*« Mes projets c'est que je vais toujours aller à l'école, pour trouver du travail demain c'est tout !» (Any)* *« Je veux avoir mon BEPC et commencer mon truc que je veux faire ? J'ai envie d'être hôtelière (...) On voudrait d'abord attendre la venue du bébé avant de voir ce qu'on peut faire » (Ruby)* *« C'est comme si je voyais le monde tomber devant moi, tu vois quand tu ne t'attends pas à quelque chose et que cette chose-là t'arrive, si tu n'es pas quelqu'un de fort, et s'il n'y a pas une personne à côté de toi pour te soutenir que " non ça va aller", ça ne sera pas facile » (Jane)*

Les figures maternelles, dans la plupart des cas étudiés, ne semblent pas, par leur comportement, remplir une fonction d'étayage auprès des adolescentes étudiées, par ailleurs en quête de repères identitaires dans le processus de construction de leur moi maternel. En effet, parce que l'entrée précoce en maternité de leur fille leur apparaît comme le présage d'une rupture scolaire et, partant, d'un échec socioprofessionnel, ces mères ont tendance à prendre des distances vis-à-vis de leur fille, au moment même où cette dernière a besoin de s'appuyer sur une image maternelle pour se construire en tant que mère. L'adolescente en situation de grossesse précoce a en outre besoin d'être formée par sa mère au rôle maternel Mais toutes les mères concernées par notre étude ne sont pas disposées à préparer leur fille à la maternité. Pourtant, dans l'ensemble, les adolescentes ont tendance à substituer l'absence physique ou symbolique de la mère par une personne réelle ou abstraite, même si cette personne ne semble pas combler totalement le vide de l'image maternelle défaillante. C'est la sœur aînée chez Noémie, Jane et Tiya ; c'est le père chez Liz ; c'est Dieu chez Ruby, c'est le petit-ami (soutien matériel et financier par ailleurs) chez Any et Dany.

Du fait de l'absence d'un étayant maternel, les adolescentes enquêtées ont du mal à s'accepter comme mère et ne semblent pas nourrir un véritable sentiment maternel. Aussi, le processus d'identification au rôle maternel se trouve être problématique chez la quasi-totalité des cas étudiés. De plus l'analyse des discours recueillis démontre que les futures parturientes, pour la plupart, ont tendance à ignorer leur changement de statut lorsqu'elles font des projets à venir. En ce qui concerne l'analyse des éléments non verbaux du discours des cas étudiés, elle révèle que, dans l'ensemble, les adolescentes interviewées se sentent mal à l'aise dans la posture de mère que l'interviewer leur prêtait et autour de laquelle étaient orientés les thèmes de l'entretien. Ce qui remet en cause l'élaboration du moi maternel. En définitive, la construction de l'identité maternelle semble perturbée chez les cas étudiés, en considération des éléments verbaux et non verbaux des discours recueillis.

- *Présentation des résultats au test de dessin et analyse :* pour chacun des sujets d'étude, nous présentons, les caractéristiques saillantes des dessins et des réponses au questionnaire qui accompagne le test, en référence spécifiquement aux thèmes principaux de l'étude.

Tableau 2 : Tableau récapitulatif des résultats au test de dessin

Paramètres	Caractéristiques	Sujets concernés
L'identité sexuelle / l'identité de genre	- Sexe du premier personnage, homophile - Conscience d'appartenir à son groupe sexuel (l'identification à son propre sexe) - L'acceptation des rôles sociosexuels ou sexuels - Acceptation de sa féminité	- Noémie - Mary - Rèn - Kloé - Maud - Any - Jane - Tiya
	- Confusion des identifications sexuelles - Premier personnage dessiné de sexe masculin - Le garçon a des formes féminines - Désir d'affirmation de soi, de liberté - Pulsions de realization	- Liz - Ruby - Dany
Identité personnelle et affirmation de soi	- Le sujet se valorise à travers la taille de son personnage et celle de l'autre sexe	- Liz
	- Le sujet se dévalorise à travers la taille de son personnage et celle de l'autre sexe, ainsi qu'à travers ses traits	- Noémie - Maud - Tiya - Mary - Any - Dany - Rèn -

		Ruby - Kloé - Jane
	- L'adolescente ne sait plus tout à fait qui elle est, son identité lui échappe, elle est en pleine quête d'une identité personnelle solide et se trouve tiraillée entre l'enfance et l'entrée dans l'âge adulte qui s'impose	- Noémie - Ruby - Mary - Jane - Liz - Tiya - Kloé - Dany - Maud - Any
L'identité maternelle	- Adhésion problématique au statut de mère - deuil développemental problématique	- Noémie - Kloé - Jane - Mary - Maud - Tiya - Liz - Any - Dany - Rèn - Ruby
Représenta-tion de la fonction d'étayage maternel comme défaillante	- Besoin de trouver un support dans l'environnement	- Noémie - Maud - Tiya - Mary - Any - Dany - Liz - Ruby - Kloé - Jane

Le tableau 2 démontre bien que chez pratiquement tous les sujets étudiés, la structuration d'un moi maternel est problématique. L'image du corps, tel qu'il transparaît dans le dessin ne correspond pas au corps réel. Le schéma corporel induit par la grossesse est nié dans la représentation picturale du corps propre. Les adolescentes ne se représentent pas comme mère. Mais l'intérêt pour la maternité se lie tout de même chez certaines, à travers l'insistance sur les hanches et le bassin du personnage dessiné, c'est le cas notamment de Any et Dany. Le désir de rester la petite fille docile qui fait honneur à papa ou à maman maintient d'actualité l'identité d'adolescente, retardant ainsi la construction de l'identité maternelle. Le deuil développemental du statut d'enfant se bute à un obstacle, celui de l'absence d'un objet étayant, qui accompagnerait l'adolescente sur le chemin de la maternité, la faisant ainsi passer du statut d'enfant (adolescente) au statut de mère.

- *Présentation de la grille d'observation et commentaire synthèse des observations*

Le comportement des adolescentes en milieu hospitalier est présenté en référence aux exigences médico-sociales que leur imposent les prestataires de soins en maternité. La rubrique « observations » présente, par indicateurs, le nombre d'adolescentes concernées.

Tableau 3 : Grille d'observation du comportement de l'adolescente face aux exigences du milieu hospitalier

Modalités	Indicateurs	Observations	
		Oui	Non
Visites médicales	Assiduité	6/11	5/11
	Ponctualité	7/11	3/11
Examens médicaux	Glycémie à jeun	9/11	2/11
	Test d'urine	9/11	2/11
	BW (recherche de la syphilis)	5/11	6/11
	PCV antibiogramme (ATB)	2/11	9/11
	Groupe sanguin Rhésus (GS	0/11	11/11
	Electrophorèse	5/11	6/11
	Numération formule sanguine	6/11	5/11
	HIV	6/11	5/11
	Goutte épaisse (GE)	3/11	8/11
	Toxoplasmose	5/11	6/11
	Selles	0/11	11/11
	Hépatite	0/11	11/11
	Échographie	5/11	6/11
Observance des traitements	Achat des medicaments	5/11	6/11
	Prise régulière	2/11	9/11
Vaccin antitétanique		2/11	9/11
Causeries éducatives	Assiduité	5/11	6/11
	Participation active	4/11	7/11
	Intérêt	10/11	1/11

Dans l'ensemble, les adolescentes étudiées ont beaucoup de mal à respecter les prescriptions médicales, soit parce qu'elles manquent de soutien affectif, matériel ou financier, soit parce qu'elles n'en réalisent pas l'utilité et n'ont personne (à la maison) pour les conduire efficacement sur le chemin de la maternité qu'elles découvrent. Elles sont cependant assidues et ponctuelles aux visites médicales, parce qu'elles savent qu'elles en ont besoin pour mener à bien leur grossesse, mais aussi pour mieux comprendre ce qui arrive à leur corps, la fonction maternelle n'étant pas suffisamment étayante pour qu'elles puissent s'y appuyer afin de se construire elles-mêmes comme mère. C'est pour cette raison qu'elles apprécient toutes les causeries éducatives qui précèdent les consultations prénatales, même si elles n'y participent pas toujours activement du fait de la timidité et de la honte.

DISCUSSION ET CONCLUSION

Après interprétation des résultats issus des analyses, le lien entre la défaillance de la fonction d'étayage maternel et le déroulement du processus identitaire chez l'adolescente enceinte se trouve être pertinent. Mais des réserves, dont nous attribuons l'explication à la spécificité et aux réalités socioculturelles du Cameroun, sont à prendre en compte. C'est dans cette perspective que s'est inscrite la discussion des résultats de l'étude. En effet, certes la défaillance de la fonction d'étayage maternel perturbe le déroulement du processus identitaire chez l'adolescente camerounaise en situation de grossesse précoce, mais cette influence pourrait ne pas conduire systématiquement à un mal développement chez cette dernière. Ceci se justifie par le fait que l'environnement social de la jeune fille lui offre des figures de substitution maternelle qui semblent combler le vide affectif, voire pédagogique, causé par une fonction maternelle désétayante. Ainsi, contrairement à ce que prévoyait la théorie de la maternité adolescente, l'adolescente précocement enceinte et en situation d'« étayage en souffrance », va rechercher dans son entourage, un objet étayant de substitution, réel ou symbolique. Ce mécanisme psychologique utilisé par l'adolescente se comprend aisément lorsqu'on se réfère à Kaës (1990) qui avait posé l'hypothèse d'un étayage multiple du psychisme, cette hypothèse tente « de signifier que toute formation psychique est multi-étayée et que des variations qualitatives remarquables dans cette formation surviennent dès lors que certains étayages font défaut » Kaës (1990 : 9-10). Il complète les objets d'étayage identifiés par Freud et propose, au lieu de trois, quatre formes d'étayage : l'étayage sur le corps, l'étayage sur la mère, l'étayage sur le groupe et l'étayage sur soi (auto-étayage). Et précise ensuite que « la défaillance accidentelle de l'un de ces étayages mobilise toujours chez Freud un mouvement de dépression et le recours, ou le retour, à un étayage plus solide, à partir duquel il peut prendre appui et modèle pour créer » Kaës (1990 : 9). Mais l'analyse des cas étudiés a révélé d'autres formes d'étayage encore : l'étayage sur l'enfant à naître (Jane, Tiya et Dani), l'étayage sur Dieu (Ruby), l'étayage sur le partenaire (Any), l'étayage sur la sœur aînée (Noémie), l'étayage sur le père (Liz). C'est fort de ce recours aux étayants de substitution qu'on pouvait voir s'afficher chez ces participantes un ou deux indicateurs seulement de l'identité maternelle, jamais tous les éléments pouvant rendre compte d'une identité maternelle bien structurée. La raison en est que ces étayants de substitution, parce qu'ils ne sont pas conscients de la fonction psychologique qu'ils remplissent auprès de l'adolescente en pleine quête de repères identitaires, ou parce qu'ils n'en n'ont pas la qualification, accompagnent « maladroitement » la jeune fille dans ce processus identitaire devant aboutir à la représentation de soi comme mère, à l'identification au rôle maternel et à la capacité à projeter l'avenir en s'y inscrivant comme adulte-mère. D'où la nécessité, pensons-nous, au terme de cette analyse, d'encadrer le processus identitaire chez l'adolescente camerounaise en situation de grossesse précoce. La démarche que nous préconisons consisterait à insérer dans les programmes de prise en charge des adolescentes enceintes de nos hôpitaux un module « accompagnement psychologique ». Il s'agira précisément de créer un cadre d'échanges « psychologue du développement-adolescente enceinte » autour de la réalisation des tâches développementales indispensables à la construction de l'identité maternelle et à l'entrée à l'âge adulte. Grâce à cet encadrement du processus identitaire chez l'adolescente précocement enceinte, le rôle des étayants de substitution pourra être mieux organisé, et même, l'adolescente pourra trouver dans ce cadre social artificiel des étayants de substitution sur lesquels s'appuyer pour se construire comme mère et assumer ce statut.

RÉFÉRENCES BIBLIOGRAPHIQUES

Abraham, A. (1985). *Le dessin d'une personne. Le test de Machover*. Issy- les- Moulineaux : Editions et Applications Psychologiques.

Allard, C. (2000). *L'enfant au siècle des images : étude psychanalytique et psychopathologique.* Paris : Albin Michel S.A.

Audétat, M.-Cl et Voirol, Ch.(1997). *L'adolescent.* Neuchâtel : Psynergie.

Bidart, C. et Lavenu, D. (1999). Enchaînements et décisions individuelles, bifurcations de trajectoires sociales. *5ème journées d'études sur l'analyse longitudinale du marché du travail*. Clermont-Ferrand, 27-28 mai.

Bruner, J. S. (1983). *Le développement de l'enfant : savoir-faire, savoir dire*. Paris : Presses Universitaires de France.

Bydlowski, M. (2010). *Je rêve un enfant. L'expérience intérieure de la maternité*. Paris : Odile Jacob.

Charbonneau, J. (2003). La maternité adolescente : une redéfinition du rapport intergénérationnel. M. Molgat et E. Maunaye (dir.), *La transformation des rapports entre les jeunes et leurs parents*, 175-200. Laval: Presses de l'Université Laval/IQRC.

Cloutier, R. (1996). *Psychologie de l'adolescence*. Paris : Gaëtan Morin Editeur, 2e édition.

Erikson, E. H. (1972). *Adolescence et crise. La quête de l'identité*. Paris : Flammarion.

Falque, O. (2003). Le dieu des adolescents. Fonction du religieux et processus d'adolescence. *Imaginaire et Inconscient, 11* (3), 129-144.

Decherf, G. (2005). L'étayage sur la violence et sur le victimat. *Le divan familial, 15* (2), 139-151.

Guettier, B. (2001). Grossesse, maternité : circuit court ou court-circuit ? *La lettre de l'enfance et de l'adolescence, 3* (45), 67-71.

Golse, B. et Roussillon, R. (2010). *La naissance de l'objet.* Paris: Presses Universitaires de France.

Kaës, R. (1990). Introduction à l'analyse transitionnelle. Kaës, R. Missenard, A. Kaspi, R. Anzieu, D. Guillaumin, J. Bleger, J. Jaques E. (dir.), *Crise, rupture et dépassement* (p. 1-83). Paris : Dunod.

Kestemberg, E. (1980). L'adolescent. *Revue française de psychanalyse, 44*, 3-4.

Konicheckis, A. (2006). Grossesse à l'adolescence, aire du culturel et tissage des liens précoces. *Adolescence, 55* (1), 175-188.

Malrieu, P. (1980). Genèse des conduites d'identité. Tap, P. (dir.), *Identité individuelle et personnalisation,* 38-51.Toulouse : Privat.

Marcelli, D. et Braconnier, A. (2008). *Adolescence et psychopathologie* (3è éd.). Paris : Elsevier Masson.

Marcos-Sigal, H. (1984). *La signification de la naissance du premier enfant.* Toulouse : Editions Privat.

Melo (2006). Adolescentes enceintes. *Adolescence, 55* (1), 141-174.

Manlove, J., Terry, E., Gitelson, L., Papillo, A.R., et Russell, S. (2000). Explaining demographic trends in teenage fertility, 1980-1995.*Family Planning Perspectives*, *32* (4), 166-175.

Mouras, J.-P. (2004). Être mère à l'adolescence. *Figures de la psychanalyse, 1* (9), 97-101.

Ndonko, F. (2003). Projet "Tantines" : Comment les filles-mères s'engagent dans la prévention des grossesses précoces et du VIH/SIDA auprès des adolescentes dans leur communauté au Cameroun. Récupéré du site du Magazine de la Coopération Germano-Camerounaise : http://www.cameroun-plus.com/

Poussin, G. (2004). *La fonction parentale* (3e éd.). Paris : Dunod.

Rocher-Barrat, C. (2003-2004). La maternité adolescente : « les aléas du lien ». Mémoire de DESS de psychologie clinique et pathologique, soutenu à l'Université Charles de Gaulle – Lille III -, sous la direction de Caron.

Rwenge Mburano, J.-R. et Tchamgoue-Nguemaleu, H. B. (2011). Facteurs Sociaux de l'utilisation des Services de soins Obstétricaux Parmi les Adolescentes Camerounaises. *African Journal of Reproductive Health, 15* (3), 81-92.

Tap, P. (1980). *Identité individuelle et personnalisation.*

Toulouse : Privat.

Tebeu, P.M., Kouam, L., Obama, A.M.T., Wamba, T.M., Ngassa, P., Kamdom Moyo et Doh, A.S. (2002). Quel serait l'âge de la parité précoce chez les adolescentes au Cameroun ? 5 années d'expérience / C.H.U. – Yaoundé (Cameroun). *Médecine d'Afrique Noire, 49,* 439-442.

IDENTITÉ DE GENRE CHEZ L'ADOLESCENTE CAMEROUNAISE : UN CONSTRUIT DES IMAGOS PARENTALES.

Par Pangrace NGONO OSSANGO (Doctorante à l'Université de Yaoundé 1 / Département de psychologie. ngonopan@gmail.com. Professeur d'École Normale d'Instituteurs)

RÉSUMÉ

La construction de l'identité de genre chez les adolescentes est non seulement la résultante de la représentation fantasmatique que celles-ci se sont faites de leurs parents, c'est-à-dire de l'effectivité de l'exercice de la fonction parentale, mais aussi de la construction identitaire et narcissique qui s'étaye sur l'intériorisation d'imagos parentales sécurisantes, permettant l'édification du narcissisme primaire. C'est ce qui permet à l'adolescente de se construire une identité de genre dite réalisée. Or, l'identité de genre est le fait psychologique de se reconnaître comme soi en tant que femme ou homme. Les parents sont souvent comme étonnés lorsque la jeune fille devenue adolescente adopte des conduites antisociales, c'est-à-dire des conduites autres que celles qui sont définies et valorisées par le cadre familial et/ou social. Les parents semblent ignorer la limite entre ce que le sujet adolescent est en droit d'assumer et ce qu'il doit traiter avec pudeur. L'adolescence est une période de restructuration et de renégociation du lien à l'objet, bien que ce soit de façon inversée. L'objectif est de comprendre comment les imagos parentales du fait de l'exercice parentale ont un retenti sur la construction de l'identité de genre. La recherche porte sur l'histoire singulière d'un cas unique présentant des problèmes d'identité. Le cas est abordé au travers des entretiens sémi-directifs et du test projectif du

Rorschach. L'analyse des données révèle que la défaillance dans l'exercice de la parentalité peut amener l'adolescent à se construire une représentation fantasmatique négative des parents, laquelle représentation va sous-tendre la construction de l'identité de genre de celui-ci.

MOTS CLES : l'adolescence, identité de genre, fonction parentale, imago parentale, famille atypique.

ABSTRACT

Gender Identity in Cameroonian Teenage Girls : A Built Of Parental Imagos

The construction of gender identity in teenage girls results from the fantasy representation these ones have made of their parents ; that is the reality of parenthood, but also narcissistic and identity construction which is based firstly on interiorization of reassuring parental imagos, enabling edification of primary narcissism. This helps the teenager to build up a gender identity said to be achieved. Meanwhile gender identity is the psychological fact to recognize oneself as a woman or a man. Parents are sometimes like surprised when the young girl , becoming a teenager adopts antisocial behaviors, that is other conducts than those prescribed and improved by family and/ or social environment. Parents seem not to know the limits between the responsibilities of the adolescent subject and what she has to handle modestly. Adolescence is a period of restructuration and renegotiation from the link to the object, though in reverse manner. The aim is to understand how parental imagos have echo on gender identity construction due to parenthood. The research lies on the singular history of single case presenting identity problems. The situation is discussed through semi-structured conversations and projective test of Rorschach. Data analysis reveals that failure in the exercise of parenthood can lead; the teenager to build up a negative fantasy representation of his/her parents, representation which will underlie his/her gender identity construction.

KEY WORDS: adolescence, gender, identity, parenthood, parental imago, atypic family

1. L'ADOLESCENCE : UNE PERIODE A LA CROISEE DES TRAJECTOIRES

La plupart des parents aujourd'hui semblent vouloir ignorer que l'adolescence est une période d'accompagnement. D'abord parce que la crise est là, ensuite parce que l'engagement dans les enjeux cruciaux exige du sujet une certaine maturité affective et cognitive. L'adolescence est considérée comme une période difficile pendant laquelle le sujet en devenir cherche à se construire une identité de genre dite positive ou réalisée. L'adolescence se présente comme culturellement homogène. L'approche culturelle montre que l'adolescence n'est pas un phénomène universel. Ses caractéristiques varient selon les sociétés et à différents niveaux.

La compréhension que l'on a de l'adolescence doit dépendre du contexte dans lequel le sujet vit. L'adolescence dépend du contexte, c'est ainsi que l'on peut retrouver dans certaines familles les jeunes âgés de plus de 30 ans et qui sont toujours considérés comme adolescents. À côté de ceux-là l'on peut avoir les enfants d'environ 16 ans qui, ayant plongé tôt dans la parentification, n'ont plus le statut d'adolescent. Le problème au Cameroun est celui de l'hyper modernité dans laquelle les sujets sont introduits. Selon Tsala Tsala (2002, p.112) *« L'environnement socio-familial de la majorité des adolescents des villes africaines se caractérise, aujourd'hui par l'oscillation plus ou moins réussie entre ces deux pôles reférentiels »*. En réalité deux mondes sont tous les jours de plus en plus séparés, mais unis par la pensée, l'action. Et c'est en cela que consiste la tragédie de l'esprit moderne / hypermoderne. Ainsi l'on peut comprendre que l'adolescence dépend de la famille et de la pratique parentale en vigueur. C'est en fonction de la pratique parentale que la jeune fille va se construire fantasmatiquement une représentation de ses parents, la quelle pourra l'aider à se construire une identité de genre dite réalisée. La construction de l'identité de genre chez l'adolescente ne saurait se lire en dehors du contexte familial qui la crée et la règlemente. La construction de l'identité de genre chez l'adolescente camerounaise pose clairement le problème de l'exercice parental. L'adolescence n'est pas un temps social mais un état en quête d'expériences et de pratiques culturelles maturantes. Examiner la question de la construction de l'identité chez l'adolescente camerounaise recommande d'abord une interrogation sur la pertinence de la question elle-même. Une construction de l'identité de genre à l'adolescence dans une société complexe ne peut pas être structurellement ou radicalement liée à un unique paramètre qu'il soit religieux, culturel ou social, sauf à prendre un point de vue très culturaliste. Questionner la construction de l'identité de genre de l'adolescente, c'est lui reconnaître une certaine spécificité, mais c'est aussi courir le risque non négligeable d'enfermer la complexité d'un processus dans un de ses composants, qu'il soit social ou culturel, et ce dernier, suivant les cas, peut être particulièrement complexe. Si la famille était une institution stable, le point de référence sur lequel on pouvait prendre appui pour traverser une grande phase du développement du passage de l'enfance à l'adolescence, le statut actuel de la famille camerounaise semble désormais exposer l'adolescente dans une précarité psychique où elle ne reçoit pas un véritable étayage groupal.

Elle est souvent abandonnée à elle-même dans le paradoxe de la réalisation des tâches développementales et des enjeux cruciaux. L'identité de genre semble postuler l'existence d'une pulsion groupale. Dans ce contexte, les rapports qui existent entre les parents et les adolescentes doivent être marqués positivement. Ainsi il importe pour chaque parent d'exercer effectivement sa fonction afin de situer et d'aborder la réalisation des tâches développementales.

L'objectif de cet article consiste à comprendre les tares des imagos parentales sur la construction de l'identité de genre des adolescentes dans les familles camerounaises quand on sait que la famille camerounaise actuelle est une famille en crise, en rupture. Ces imagos parentales telle que construites peuvent perturber la construction de l'identité de genre chez des adolescentes camerounaises. Le problème ici n'est pas la présence physique des parents, mais plutôt l'expression de l'exercice parental. Le cas étudié ici dévoile les mécanismes existants ou non dans la relation parents et adolescents dans les familles camerounaises. L'adolescent camerounais est en même temps considéré de plus en plus comme un adulte, puisqu'il subit le phénomène de parentification dans une sorte de précocité sans accompagnement parental.

Pour étayer cet exercice parental, nous nous appuyons sur les considérations psychanalytiques de la fonction parentale. En effet, la psychanalyse a toujours pris en compte les relations structurantes et conflictuelles avec l'autre (Tsala Tsala, 2002). La perspective psychanalytique aborde l'exercice parental dans la symbolique de la triangulation familiale. Il est question de voir comment s'exprime chaque symbolique parentale et comment elle participe à l'élaboration de la personnalité future.

2. L'APPROCHE THEORIQUE DE LA FONCTION PARENTALE : UN ETAI AUX IMAGOS PARENTALES ET A LA CONSTRUCTION DE L'IDENTITE DE GENRE

La construction de l'identité de genre par opposition au concept de sexe, fait référence aux aspects non-physiologiques de l'identification d'un individu comme étant mâle ou femelle. Le genre ici serait le produit de construits culturels et subjectifs qui sont en constante variation en fonction du temps, du contexte et de l'environnement. En fait, ce sont les différences entre les sexes que la socialisation nous a inculquées, ce que l'on attribue à la féminité et à la masculinité. Ainsi, si le sexe est notre biologie, alors tout le reste est le genre. Donc, toute différence entre les hommes et les femmes qui ne s'explique pas exclusivement par la biologie pourrait être considérée comme une différence de genre. Le genre est au même moment un déterminant et un produit de ce qui est attendu, permis ou valorisé d'un homme ou d'une femme dans un contexte donné.

Le rôle de genre réfère aux rôles que la société attribue aux hommes et aux femmes sur une base différentielle. C'est en fait ce qui est considéré comme approprié à un sexe donné sur le plan des relations, des traits de personnalité, des attitudes, de comportements, des valeurs, du pouvoir et des influences sociales. L'identité de genre relève de l'expérience privée, de la perception et de la réflexion d'un individu sur sa propre identification ou catégorisation en tant que mâle ou femelle. Elle s'établit la plupart du temps assez tôt dans l'enfance en fonction des représentations fantasmatiques qu'on se fait ou qu'on s'est fait de la fonction du père ou de l'exercice de la mère, et est généralement très résistant au changement. Ceci dit, l'on peut observer chez certaines jeunes filles la construction d'une identité de genre qui est incompatible avec le sexe biologique. C'est dans ce sens que pour Gutton (2006, p.2) *« la parentalité est considérée comme l'ensemble de processus psychiques conscients et inconscients concernés par les expériences de parenté »*. Elle est aussi le fruit de la parentalisation. On ne naît pas parent, on le devient.

La survenue dans l'inconscient du désir d'enfant impose et reflète une refondation des enjeux de la vie et de la relation à l'autre. Nous approfondirons bien sûr la distinction entre la survenue de fantasme d'enfant et l'engagement actif dans la procréation et ses longues suites qui comprennent moins (comme il est classique de le définir) une satisfaction du désir d'enfant que son actualisation. La parentalité tierce réorganise différemment les systèmes et scènes en présence, au quotidien. La dialectique entre le passé et l'actuel porte sans doute plus de contradictions qu'il n'est habituel de le penser ; si l'on insiste volontiers sur les débuts de ce processus lors de l'apparition de l'enfant réel, il n'y a pas lieu d'en penser une fin.

L'enfant imaginaire (issu de l'enfance et de l'adolescence) s'actualise. Il est intéressant de penser que le fantasme d'enfant porte en lui-même (avant la procréation) un travail de parentalisation. L'identité parentale prenant source dans la parenté biologique devient plus lisible (imaginaire-symbolique) aux interfaces et conflits complexes, en grande part encore inconsciente, lieu de hasards et de nécessités d'investissements où se mêlent la névrose du sujet et les données sociales de la parenté. C'est ainsi que (Gutton, 2006, p. 22) affirme :

> *Le fantasme et l'action parentaux comportent implicitement un travail psychique personnel inconscient et conscient sur des expériences passées engagées avec les générations antérieures. Créer est*

transmettre ; toute œuvre comporte de la transmission.

La parentalité est un travail psychique de construction et de reconstruction.

Radicalement séparés du corps de l'enfant à venir par la différence entre les sexes, certains hommes prendront leurs distances. Ils auront perdu contact avec leur désir infantile : ce désir d'enfant actuel qui se réalise sera considéré comme celui de leur compagne ; ils n'ont fait qu'y accéder ; ils iront pour leur propre compte à la conquête d'investissements extérieurs, amoureux, intellectuels ou sociaux, ou autres ; souvent à la recherche d'une immortalité que l'enfant imaginé ne permet pas d'anticiper (un patient alpiniste amateur multipliait ainsi les « premières » dans les sommets des Alpes pendant la grossesse de sa compagne) . La paternité est aussi l'occasion pour un homme de reconnaître une part féminine à l'intérieur de soi, d'assumer sa propre bisexualité psychique. Cette formule caractérise ces pères que l'on a qualifiés de « nouveaux ». Ils ont probablement toujours existé, mais le contexte sociologique ne leur permettait pas la libre expression qui est maintenant la leur de la tendresse pour le bébé et du plaisir à le soigner. Cette construction identitaire et narcissique s'étaye, dans un premier temps, sur l'intériorisation d'imagos parentales sécurisantes, permettant l'édification du narcissisme primaire. Puis, vient le temps de l'Œdipe, dont le déclin permet de poser les bases identificatoires établissant l'identité avec ses caractéristiques sexuelles. C'est, ensuite, la période de l'adolescence, à l'issue de laquelle ces identifications se remodèlent, permettant au sujet de devenir un adulte autonome avec une identité sexuelle.

À cette période, le mécanisme d'identification à la fonction parentale permet fantasmatiquement, à l'adolescent, de devenir parent à son tour, en ayant le souci d'autrui et en sortant de la préoccupation narcissique et de la dépendance aux parents et aux substituts parentaux (Marty, 1999, 2003). La crise de la paternité implique une réélaboration du complexe d'Œdipe, qui vient, en quelque sorte, parachever le travail psychique de l'adolescence (Moreau, 2002). La paternité comporte également une dimension féminine. Devenir père suppose renoncer à être une femme et à pouvoir enfanter (Moreau, 2001), c'est-à-dire faire le deuil de la bisexualité physique. Soulignons, en effet, que le projet d'enfant, en sollicitant une distanciation de l'homme avec sa mère, peut réactiver des fantasmes de fusion archaïque. L'identité sexuée trouve ses bases dans la sous-phase de rapprochement, dans l'influence précoce des sentiments de la mère à l'égard de l'enfant. Elle doit apporter à l'enfant une image masculine aussi forte que l'image féminine apportée par la mère. Il permet à l'enfant de faire l'expérience des deux sexes (Lebovici, 2004). Il sert d'identification sexuée directe pour le garçon, et indirecte pour la fille, en tant que modèle de partenaire pour ses relations hétérosexuelles ultérieures. Les pères promeuvent la formation de l'identité de genre de leurs enfants. Pour Chiland (2002) le père joue un rôle important dans la mesure où il aide l'enfant à sortir de la symbiose qui le relie à la mère. L'enfant va de plus en plus rencontrer son père, qu'il utilisera comme support au cours du processus de séparation-individuation. La présence paternelle joue donc à ce moment-là un rôle important de confirmation chez le garçon de sa propre image de corps phallique et de reconnaissance définitive de l'absence de pénis chez la mère. Le père n'a pas seulement un rôle dans la découverte de la différence anatomique entre les sexes. Il sépare l'enfant de sa mère, représente un modèle identificatoire bien avant l'Œdipe, le tiers, permettant à l'enfant de sortir de la dyade qu'il forme avec la mère.

Dès les premiers jours de la vie, l'enfant vit dans un monde hautement sexué. Selon Poussin (2004, p.132) « *L'enfant se pense garçon ou fille à travers la façon dont les parents le perçoivent (...). Le sexe d'assignation que répercutent les parents fonde l'identité sexuelle de l'enfant* ». Le sexe d'assignation est celui donné à l'enfant à la naissance en fonction de son sexe biologique ou du moins phénotypique. L'identité de genre relève donc d'un jugement porté sur la réalité physique voulant que les hommes et les femmes diffèrent physiquement. La différence anatomique des sexes ne constitue pas le fondement de la discrimination sexuelle chez l'enfant. L'enfant est d'abord conscient des différences relatives à la taille, à la coiffure, aux vêtements, etc., plus apparentes que la différence anatomique des sexes. Selon cette théorie, une fois que l'enfant a une identité de genre, il cherche de plus en plus dans l'environnement des informations avec lesquelles construire et enrichir le schéma de genre approprié, un corps organisé de connaissances à propos des attributs et des comportements associés à un sexe particulier. Le père parle moins, c'est-à-dire qu'il prend moins que la mère la responsabilité de maintenir la conversation, il se comporte plutôt comme un interlocuteur.

La plupart des psychanalystes reconnaissent des fonctions distinctes au père et à la mère. Il y a deux fonctions constitutivement liées dans le développement de l'enfant humain : la fonction maternelle et la fonction paternelle qui, le plus souvent, coïncident avec le sexe correspondant. Les enfants de famille où le père est absent sont plus sensibles à l'appropriation des stéréotypes de sexe. L'absence paternelle ne signifie pas chez l'enfant une confusion des genres, au contraire, elle amène une plus grande connaissance, en même temps qu'un dépassement des stéréotypes de sexe. L'interaction du père avec son enfant mâle stimule ses capacités sociales, certains aspects du développement cognitif précoce et le développement motivationnel. Le père a un rôle d'ouverture vers l'extérieur, de socialisateur, dans le sens où il engage l'enfant dans des relations autres que celles qu'il connaît avec la mère. Les repères traditionnels de la vie de couple et de famille vacillent, et les frontières entre les rôles des sexes deviennent plus floues. Les processus d'identification sont en grande partie inconscients. L'identification consiste à se reconnaître pour identique, soit numériquement, soit en nature quand on reconnaît un objet comme appartenant à une certaine classe, ou encore quand on reconnaît une classe de faits pour assimilable à une autre. C'est l'acte par lequel un individu devient identique à un autre, ou par lequel deux êtres deviennent identiques en pensée, ou en fait.

3. METHODOLOGIE DE L'ETUDE

Pour atteindre l'objectif assigné à cette recherche, nous avons jugé bon d'adopter une perspective clinique de recherche, puisque l'objet de l'étude est ancré dans la subjectivité intrapsychique du sujet adolescent. À cet égard, nous avons opté pour un devis qualitatif axé sur le récit de vie thématique et sur le test projectif du Rorschach. L'étude s'inscrit dans le paradigme compréhensif, dans la mesure où il s'agit de comprendre le sens de la nature des caractéristiques de l'identité corporelle confuse chez l'adolescente et non pas à expliquer la cause car celle-ci en cacherait le sens. Ainsi pour comprendre le processus de développement des conduites agressives, il semble intéressant d'interroger la fonction des parents à travers l'exercice parental qu'ils exercent auprès de l'enfant. A ce titre, la recherche s'est intéressée à l'historicité lointaine d'une adolescente selon qu'elle a intégré fantasmatiquement la fonction parentale. Cette recherche est une étude de cas (Albarello, 2003). La notion de cas en psychologie clinique vise à dégager les aspects subjectifs de la personnalité.

L'étude des cas concerne à la fois la clinique du sujet et la clinique du groupe social. Cette étude vise donc non seulement à donner une description du vécu des adolescents dans les familles sans exercice effective de la fonction parentale, de sa situation et de ses problèmes, mais cherche aussi à éclairer l'origine et le développement de l'identité de genre. Nous avons tenté ici de comprendre, de cerner la dynamique intrapsychique d'un sujet et son fonctionnement mental propre dans une perspective clinique d'autant plus que, comme le dit Widlöcher (1990, p.300), *« le cas unique nous confronte à la capacité d'appréhender la réalité clinique elle-même »*. Le choix de faire porter cette recherche sur la méthode du cas unique repose sur une double motivation. La première est épistémologique et trouve à s'appuyer sur une réflexion de Widlöcher (1990) pour qui la méthode du cas unique a toute sa pertinence et se prête à une démarche scientifique authentique. Tout autant que la méthodologie de recherche sur des groupes, il s'agit d'une adolescente régulièrement inscrite au lycée de Nsam-Efoulan. Le choix de cet établissement peut aussi se justifier de par l'histoire même de ce quartier et des quartiers environnants. Notons que ce quartier à l'origine, était une banlieue de la ville de Yaoundé. Il est donc progressivement devenu un quartier urbanisé. Selon Camilleri et Cohen (2000), le constat des perturbations observées par des changements d'attitudes des adolescents (remplacement des patterns anciens au profit des nouveaux patterns) et l'émergence des nouveaux comportements partent de l'interférence entre les structures d'attitudes et les représentations antagonistes.

La deuxième est pragmatique, c'est-à-dire que pour obtenir le cas de l'étude nous avons dû appliquer un principe notamment le principe d'exclusion et d'inclusion. Le principe d'exclusion admet que les sujets ne remplissant pas les caractéristiques de sélection établies par le chercheur soient exclus de l'échantillon. Le principe d'inclusion quant à lui stipule que les sujets présentant les mêmes caractéristiques que celles identifiables à la population mère étaient favorables à la sélection. L'adoption du cas de l'étude a obéi à un ensemble de particularités qui sont entre autres : être un camerounais de sexe féminin ; être âgé de 12 à 17 ans ; être une adolescente ayant été traduit au conseil de discipline au moins une fois pour conduites non conformes au règlement intérieur ; être une adolescente présentant un mauvais rendement scolaire ; être une adolescente adoptant des tenues excentriques dites DVD, VCD ; avoir quelques marquages corporels (tatouage, cheveux tintés, piercings) ; être un enfant de famille monoparentale maternelle vivant uniquement avec la mère.

Ainsi, organiser la récolte des données sur la base d'une matrice de ce type a permis de recueillir les matériaux adéquats. Dans cette optique, le cas n'a pas été choisi en fonction de l'importance numérique de la catégorie qu'il représente, mais plutôt en raison de son caractère exemplaire. Sur le terrain, nous avons utilisé un entretien semi-directif et deux tests projectifs qui sont : le test de dessin de famille de Louis Corman et le test de Rorschach qui sont des techniques projectives de la Personnalité. Pour gagner la confiance de l'adolescente, nous avons tenu compte assurément de la spécificité de notre propre culture et de sa tradition orale, en consacrant une attention particulière au mode d'entretien effectué avec l'enfant pour ne pas en quelque sorte le «*dépayser*» avec la technicité d'un matériel étrange qu'il ne maîtrise pas suffisamment afin de l'apaiser.

Le matériel utilisé à l'examen a fait d'abord l'effet d'une médiatisation de la relation entre l'enfant et le chercheur d'une part, et d'autre part il a permis une observation privilégiée. Il a aussi permis d'obtenir des données objectives exprimées le plus souvent d'une manière quantitative et qualitative et facile à interpréter. Et enfin, il nous a indiqué des aspects du développement de la réalité de l'adolescent vivant avec pour seul parent la maman. Le test du Rorschach avait pour but d'étudier la structure de la personnalité du sujet, mais surtout des interactions du sujet avec son monde. Ce qui nous a permis de savoir s'il existe chez l'adolescente des indices liés à la défaillance ou à l'absence de la fonction parentale susceptibles d'influencer la construction de l'identité de genre (Bessette, Dufour, Krimko-Bleton, Lesourd, 2012 ; Berger, 2012).

4. RESULTATS DE L'ETUDE

La présentation du cas unique s'illustre comme suit : Grâce est une adolescente âgée de 15 ans. Elle fréquente la classe de 5ème qu'elle redouble d'ailleurs. Elle s'exprime difficilement, car trop timide. Elle a un teint noir, de très petite taille, une forte poitrine, qu'elle expose presque toujours. Elle est même appelée « Miss Lolo » dans sa classe. Elle met une tenue très délavée qui ne lui arrive pas aux genoux. Toutefois, bien propre et bien repassée. Elle porte une belle coiffure. Elle est issue d'une fratrie de trois enfants dont elle est l'aînée. Elle s'est séparée d'avec son père il y a de cela 15 ans, car ce n'est qu'à l'âge de 16 ans qu'elle fait la connaissance d'un monsieur dont la rumeur lui fait savoir à ce jour que c'est son papa. Sa tenue est du moins *« slimée »* comme pour toutes ses copines, elle a un tatouage à la cuisse droite ; elle a d'ailleurs été traduite plusieurs fois au conseil de discipline à cause de son corps et de ces marquages, mais elle affirme que c'est une partie d'elle-même. Grâce expose presque tout son corps dans une tenue moulante.

Elle va vivre dans cet espace jusqu'à l'âge de 7 ans où il devient presqu'impossible pour elle de rentrer à l'école. Grâce est soumise à un rythme d'éducation jamais connue, elle devient la vraie mère de la maison. Elle veut connaître qui est son papa, mais ne sait pas comment y arriver, puisque sa mère ne leur parle jamais de lui. Elle sait du moins qu'il est en vie

> *J'étais bébé j'ai passé la première journée sans mon père et ma mère, j'ai été traumatisée, on m'a baptisé la souffrance et je vis dans la souffrance, mais c'est la vie, ma mère se bat, mais c'est dur pour elle, trois enfants à elle seule ; tous ont fui même le mien.*

- ***Vécu de la défaillance dans l'exercice de la fonction parentale***

Grâce déplore le désordre et le libertinage qui se sont installés dans la famille depuis bien longtemps. Peut-être à cause de l'absence laissée par son père, ce qui dénote la présence de l'autorité permissive puisque chacun fait ce qu'il veut.

> *Depuis que je suis revenue chez ma mère, le désordre s'est installé chez nous, ma mère est devenue absente, car si tu n'as pas de chance comme moi qui doit lui ouvrir la porte, tu ne la vois pas, ma petite sœur tombe malade chaque semaine et il n'y a personne pour s'occuper d'elle.*

Aussi, Grâce déplore-t-elle l'absence physique de ses parents, surtout de son père. Elle dit qu'il y a ses amis qui n'ont pas de père et qui ont des mères responsables. Le discours de Grâce pose aussi le problème de l'absence de soins lorsqu'elle dit qu'elle a passé deux ans sans aller en classe à cause de l'argent de scolarité et qu'elle fait un petit commerce pour subvenir à ses besoins. *« Ma mère me répète d'ailleurs tous les jours que je suis déjà grande pour payer mon école et surveiller mes petits frères »*. Grâce manque même parfois l'école quand sa petite sœur est malade. Les parents de Grâce lui ont manqué de l'amour, elle a de la haine pour eux, elle pense que si elle avait été avec son père, ça aurait été mieux. Elle quitte la maison et se renseigne auprès de ses tantes paternelles où elle peut retrouver son père ; elle nous a même révélé que le jour où elle va retrouver les traces de son père, elle va peut-être partir. Grâce se prépare à quitter la maison de sa mère pour aller louer avec ses copines, toutefois sa mère n'est pas au courant, puisque la famille vit dans un laisser-aller et chacun est maître de sa propre vie.

- ***Problématique des imagos parentales***

Grâce a construit une mauvaise image de ses parents, c'est-à-dire du père et de la mère. Aux yeux de Grâce, son père et sa mère sont dévalorisés ; ceci étant elle n'a même pas représenté sa mère avec qui elle habite. *« Je préfère aller vivre loin d'ici, peut-être encore près de celui qu'on appelle mon soit disant père »* nous confie Grace à voix basse. Cependant Grâce a représenté à l'extrême droite son père bien sûr en dernière position et plus petit qu'elle-même. Elle dit avoir oublié de représenter sa mère et elle nous confirme qu'elle n'est pas très importante et qu'elle n'a pas beaucoup de temps à perdre pour les inutilités. Il n'y a que mes frères qui font partie de ma vraie famille.

4.1. Analyse des données de Grâce aux entretiens semi-directifs

- ***Défaillance dans le désir parental / désir d'enfant***

Grâce est une adolescente dont les parents sont séparés depuis environ 15 ans, alors qu`elle avait à peine un an. Les deux parents de Grâce ne vivent plus ensemble. L'absence de la fonction parentale peut s'observer dans son discours à travers les indicateurs tel que le rang dans la fratrie car on a l'impression qu'elle est née dans une famille alors même qu'on ne l'attendait pas (AA1a+). Grâce n'évoque pas l'indicateur relatif à la dénomination qu'on lui a attribué et aussi à la qualité de la préparation de sa naissance ; (AA1b-) + (AA1c-). L'absence de dévouement de la part de la mère est ``bien perceptive et c`est d'ailleurs la raison pour laquelle elle se considère comme la troisième mère. Cela se justifie aussi par le fait qu`elle se retrouve dans une famille monoparentale maternelle. Grâce regrette d'ailleurs d'appartenir à ce genre de famille pleine de désordre. Ses potentialités sont dépréciées d'où l'altération dans le sentiment d'appartenance. L'adolescente vit dans une absence totale de démonstrations affectives et même d``interactions positives puisqu'elle préfère même ignorer l'emploi de sa maman (AA1d+) + (AA1e+) + (AA1f +) + (AA1g+) qui joue sur la psychologie de l'enfant et sur la construction de ses modes de relation. Elle déplore le manque d'encadrement et donne l'impression d'être colérique, elle semble d'ailleurs être dépassée par la charge parentale qu'elle éprouve ; elle est alors dévalorisée parce que pour sa maman elle est déjà grande et doit apprendre à se débrouiller. C'est ce qui justifie la récurrence des indicateurs suivants (AA1h+) + (AA1i+) + (AAj+) + (AA1k+) + (AA1l+) + (AA1m+) + (AA1m+).

- ***Défaillance dans la présence physique***

En outre l'absence physique et définitive du père (AA2-) a amené la maman de Grâce à une recherche effrénée d'argent. *« Maman vend tous les jours, même le dimanche, elle prépare la nourriture et sort (...), elle sort trop, elle dit qu'elle part vendre pour nous nourrir ».* Après la séparation, sa mère a pris l'habitude de les élever toute seule.

Grâce déplore l'absence physique de son père qui ne joue plus son rôle et qui de surcroît ne peut pas encourager sa mère à jouer le sien. Or nous savons que la mère ne peut bien jouer son rôle que si elle vit en parfaite harmonie avec le père. *« Depuis que mon père et ma mère ont fait leur problèmes nous sommes abandonnés à nous-mêmes, j'ai su que c'est fini pour nous (...) Déjà au retour de l'école il n'y a plus personne qui s'occupe de nous »*. L'on peut observer les absences régulières et fréquentes de la mère. Elle n'habite pas avec son père, encore qu'elle ne l'a jamais connu. Il semble que c'est ce qui est à l'origine de ses échecs, puisqu'elle avoue avoir fait deux années sans aller à l'école, avec une tendance à la déscolarisation qui s'exprime au travers du redoublement. D'où la présence des indicateurs suivants : (AA2a+) + (AA2b+) + (AA2c+) + (AA2d+) + (AA2e+) + (AA2f+). Par ailleurs elle déplore l'absence de contact avec sa maman, ce qui justifie l`absence de dialogue au sein de la famille. Il en est de même pour la négligence dans l'habillement (AA2g+) + (AA2h+).

- ***Défaillance dans l'exercice des soins parentaux***

Le discours de Grâce montre que l'absence physique des parents serait sans doute à l'origine de l'absence de certains soins parentaux (AA3). Ce qui peut se lire à partir d'un indicateur tel que l'absence d'amour parental (AA3a+). *« J'ai fait deux ans sans aller à l'école parce qu'il n'y avait pas d'argent, m'a dit ma mère »*. On note aussi que Grâce relève l'absence du dialogue au sein de la famille (AA3b+). Aucun projet n'est initié et discuté dans la famille. Grâce vit de ses ressources, elle va conquérir plus jeune son autonomie et son indépendance financière, sa mère lui répète tous les jours ceci : *« tu es déjà grande pour payer toi-même tes études et surveiller tes frères cadets, à ton âge je n'étais plus chez mes parents »*. La défaillance dans la pratique des soins parentaux est aussi exprimée dans le discours de l'adolescente '.

Grâce déplore l'absence d'amour parental (AA3a+) ; l'absence du dialogue au sein de la famille (AA3b+). Sur le plan scolaire, elle n'est suivie par personne, sa mère la brime et lui donne beaucoup de punitions. Lorsqu'elle n'a pas classe, sa mère l'oblige à aller vendre la nourriture avec elle, oubliant qu'elle est élève et qu'elle doit étudier ses leçons. Elle ne l'encourage pas vraiment. Tout comme dans les autres cas, c'est la récurrence aigüe des indicateurs tels que (AA3d+) + (AA3e+) + (AA3f+) + (AA3g+) + (AA3h+) + (AA3i+) + (AA3j+). Sa maman ne lui achète pas du tout les outils dont elle a besoin pour l'école. Les attitudes de sa mère la dévalorisent et la dépersonnalisent ; en outre, ses résultats scolaires sont dépréciés par sa mère qui la plonge toujours dans un état d'insécurité, d'inquiétude et de mal-être. La mère de Grâce lui manque de l'amour et la mésestime. L'adolescente pense que si elle avait été avec ses deux parents, elle serait bien. *« Si un jour je retrouve où mon père vit, je vais partir d'ici, parce que tout ce que je vis ci c'est à cause de ma mère qui n'as pas réfléchi, quelle pouasse c'est de la poubelle ça hein »* et elle éclate en sanglots.

- ***Défaillance dans l'exercice de l'autorité parentale***

La maman de Grace appelle sans cesse Grâce et ses frères au respect exagéré des règles et des normes sociales, particulièrement accompagné de punitions et de châtiments corporels. Cet état d'autorité favorise peu à peu chez l'adolescente un intérêt pour la rue, la course précoce à l'argent et le plaisir de faire le job. Grâce est victime d'une autorité parentale qui prête à confusion, parce qu'il y a comme un mélange du permissif et de l'autocratique. Les enfants sont abandonnés à eux-mêmes avec une absence réelle d'acceptation des principes éthiques universels, un échec d'identification aux modèles parentaux, toutes choses qui justifient la présence très aigüe des indicateurs tels que (AA4c+) + (AA4d+) + (AA4e+) + (AA4f+) + (AA4g+) + (AA4h). Aussi Grâce déplore que la présence de sa maman la ridiculise avec un appel excessif à l'ordre, même si on se demande de quel ordre il s'agit ici. C'est la raison pour laquelle elle n'aime pas évoquer ses parents et devient comme un adulte maltraitant qui se manifeste sur son apparence physique humiliant. (AA4i+) + (AA4j+) + (AA4k+) + (AA4a+) + (AA4b+). On peut alors comprendre que chez Grâce tous les indicateurs relatifs à la défaillance dans l'autorité apparaissent dans son discours.

4.2. Analyse des données au Rorschach

- ***Analyse quantitative du psychogramme de Grâce (15ans)***

<table>
<tr><td>R : 25
Refus :
Tps. Total : 27'23"
Tps. /réponse : 1'05"
Tps .lat. moy : 20"</td><td>G : 16 ; 64 %
D : 13}; 76 %
Dbl: 6</td><td rowspan="2">F : 11
F+ : 3 ;
F- :4 ;
F±: 4
K: 3
Kan: 8
Kob: 4
Kp: 9
FC: 6
CF: 8
C: 5
E: 2
EF: 3
FE : 3
A: 7
Ad : 2
Art : 3</td><td rowspan="2">H : 3
Hd : 3
Géo : 1
Feu : 2
Sang : 2
Dd : 5
Ban : 9</td><td rowspan="2">F% = 44 %
F% élargi = 80 %
F+ %= 45 %
A% =36%
H%=24 %
Dd % =20 %
Ban%= 36 %</td></tr>
<tr><td colspan="2">T. Appr : Ḡ -<u>D</u>- Dđ
TRI : 3K/ 18 .5∑c (Extratensif mixte)
F. Comp : 21K/7,5 ∑E
RC % : 40 %
Succession. : Aucune</td></tr>
</table>

Le psychogramme laisse apparaître une productivité qui se situe plus ou moins dans la norme (R= 25), dans un temps total de (27'23"). Le temps moyen de latence est de (20") alors que le temps par réponse est largement dépassé par rapport à la norme soit (1'05"). Ce qui montre que le sujet a eu des difficultés et des réticences à aborder la réalité. Le temps de latence à la planche (VIII) est significativement large soit (3 '43") ; à la planche II, l'on enregistre 3'16" ; à la planche III le temps est de 3'12". Il est remarquable que même à la planche I où le T/ S va au-delà de la norme c'est-à-dire au-delà de 40" soit 1'56" ; l'adolescente reste plongé dans les préoccupations du narcissisme primaire. Ce temps par réponse est d'autant plus étendu dans les planches (III, II, XI, X, V, VI et IV) ce qui est significatif pour ce qui est des liens familiaux. Cela laisse apparaître l'émergence des affects pénibles. L'on est d'ailleurs frappé par le temps de latence à ces planches par rapport au temps de latence moyen qui est égal à 20", ce qui dénote des difficultés affectives pouvant provoquer une verbalisation aigüe avec une passivité du sujet qui se laisse submerger par le stimulus.

Les modes d'appréhension sont comme dominés par les grands détails (D%= 75%). Les D dans la norme doivent se situer entre 15 et 20 ce qui est bien le cas ici, mais le pourcentage est au-dessus de 70 % ce qui démontre les difficultés affectives dans lesquelles vit l'adolescente. L'on a une présence non négligeable des (Dbl = 6) et des petits détails (Dd = 5) dont le pourcentage peut s'élever à (44%) qui sont le signe des vides émotionnels, des manques qui amènent le sujet à réagir en fonction de ce qu'il a vécu depuis le désir. Les globalisations sont des réponses confabulées et impressionnistes, signe que l'adolescente a du mal à aborder la réalité et même à l'affronter. Elle ne s'adonne pas trop aux réponses globales. Les globalités énoncées s'associent aux éléments formels avec un F élargie = 80%. Les F- enregistrent un score de 4 et sont supérieurs au F+.

Les déterminants sont dominés par la forme qui enregistre une fréquence de (F = 11) avec un pourcentage F % = 44 % assez faible c'est-à-dire en-dessous de la norme réglementaire qui devrait se situer entre (50 et 70 %). L'adolescente n'a pas de recul et se saisit de tout. Les déterminants formels s'associent à des multiples kinesthésies avec des fréquences suivantes (K : 3 ; Kan : 8; Kob : 4 ; Kp : 9). L'on peut donc remarquer que la fréquence des petites kinesthésies est supérieure à toutes les autres. Il en est de même pour les kinesthésies animales et les kinesthésies d'objet. Le K majeur a une fréquence de 3. Ce qui dénote chez l'adolescente le manque de contrôle qui va l'amener à mettre en place des mécanismes de défenses échoués. Elle cherche alors à s'affirmer alors que la €c = 18 .5 ; d'où l'extratensivité mixte. Cette résonnance de type mixte s'accompagne de la formule complémentaire (21K > 7,5 €E). Ceci présage de graves difficultés relationnelles avec les objets parentaux. On pourrait d'ailleurs évoquer à ce propos la dominance des contenus animaux et des réponses humaines (A% =36% ; H%=24 %).

La sensibilité aux stimuli chromatiques (RC % = 40 %) s'associent à un (F % élargi = 80 % et à un F+ % = 45 %). L'on peut donc voir comment l'adolescente n'est pas du tout rationnelle. Elle s'écarte de la rationalité. Le sujet se laisse donc envahir par la passivité et le dynamisme. Les Banalités enregistrent un score de (9) soit 36 % au-dessus de la norme c'est-à-dire entre (4 et 7 Ban). Ceci s'explique par le fait que l'adolescent est inhibé et préfère se réfugier dans les banalités. La présence des déterminants (Géo = 1 ; Feu = 2 ; Sang = 2 ; Art = 3) font signifier que le sujet ne parvient pas à s'assumer dans la réalité.

- ***Analyse qualitative des données au Rorschach***

Planche I : D'entrée de jeu, Grâce fait preuve de capacités intellectuelles avec une latence relativement élevée 27". Les deux réponses données contiennent une banalité. L'ensemble de ces caractéristiques montre une inhibition importante. Les deux réponses données contiennent une banalité. La réponse F- montre qu'elle a d'ailleurs du mal à établir les rapports avec les éléments de la réalité. Elle semble s'identifier à des animaux voulant assumer leurs responsabilités. Son corps est un corps disséqué qu'elle doit toujours reconstruire. *« Je vois une aile gauche, une aile droite, les deux pattes sont bien visibles, mais aussi le bec, c'est bizarre cette couleur qui est sur du gris ».* Une kinesthésie majeure est invoquée et représente la vie imaginative de l'adolescente qui cherche à compenser les échecs et les frustrations. Toutefois, à travers les postures des Kan l'impression qui se dégage est que l'adolescente veut sortir de la situation dans laquelle elle vit, même si elle n'est pas aimée par son entourage. *« Les deux oiseaux que je vois s'envolent. Chacun est obligé de prendre son chemin quand ça ne va pas, mais au milieu il y a un lien»* La présence des (A) correspond à une attitude défensive.

Planche II : Le temps de latence est aussi élevé qu'à la première planche, mais l'adolescente n'est pas très productive. L'inhibition est quelque peu levée à l'enquête pour permettre l'expression d'une réponse qui reste toutefois très floue. L'inconfort pousse le sujet à évoquer clairement la couleur rouge, toutefois elle relève qu'il s'agit des couleurs sombres. Les mécanismes angoissants sont mis en œuvre. La tonalité émotionnelle est fascinante et s'accompagne des éléments formels relevant de la réalité. Toutefois cette attitude est remise en cause par la présence des Dbl, des C, CF, FC qui expriment la relation autour du vide. *« Ici c'est deux animaux qui sont face à face. Ça ressemble aussi à deux personnes qui se croisent les mains ».* C'est la raison pour laquelle elle va s'identifier aux objets et aux animaux. Ceci étant, nous voyons comme si l'adolescente voudrait revivre la problématique de la castration s'accompagnant d'une angoisse et d'une agressivité intense associées aux indicateurs tels que (Hd, Kp). Les réponses du sujet réactivent la problématique congénitale de la venue au monde de l'adolescente.

Planche III : Ce qui est marquant ici c'est que l'adolescente donne une première réponse. Grâce s'identifie à deux personnages de même sexe. Ce qui semble marquant ici c'est l'insistance du sujet sur la similarité des traits entre les personnages illustrés qui au plan psychologique ne semblent pas être différents. *« Ça c'est comme deux femmes sorcières qui tiennent un objet identique qui semble être un homme ».* Grâce a ravivé l'image d'un couple parental en distorsion. *« Au milieu d'elles on a comme un papillon qui les sépare ».* Le sentiment d'appartenance à un groupe transparaît dans ses réponses, mais l'adolescente semble déplorer cette situation familiale. Ce qui traduit qu'elle s'identifie à une chose inactive et recherche en permanence un soutien qu'elle ajuste sur son corps à partir de la présence des indices (Kob, Kp, K, Hd, Kan). Elle semble se culpabiliser de la situation et fait preuve d'une immaturité affective. L'on peut déduire que ce n'était qu'une fausse manie de présenter deux femmes, ce qui impliquerait une identification négative à la figure parentale ou aux substituts. La présence des réponses (A, Art) renforce l'angoisse de morcellement dans laquelle elle vit. La maîtrise du schéma corporel est remise en cause et l'oralité apparaît comme une fixation.

Planche IV : Grâce fait dès l'entrée dans la planche la représentation symbolique par rapport au vide émotionnel dans lequel elle baigne (Dbl). Elle s'identifie d'abord à une statue, quelque chose sans vie réelle, sans mouvement. L'on peut voir par-là la défense aménagée par les pulsions agressives. Ceci est d'autant plus palpable à la deuxième réponse de l'adolescente où elle inhibe et considère l'objet paternel comme un animal horrible *«un fauve»*. L'on comprend alors l'origine de ses sentiments de culpabilité. Et c'est à cause de cela vraisemblablement qu'elle cherchera à aduler le corps.

Planche V : le discours est restreint. La première réponse et la seule est caractérisée par le défaut de précision quant à l'action projetée et à l'identité des humains. « *Une chauve-souris* » où elle croyait trouver un refuge et en laquelle elle se projette. La banalité *« chauve-souris »* a un caractère particulier, c'est qu'elle s'envole, l'on peut croire que Grâce a voulu s'identifier à cet animal à travers la recherche de la sécurité ou d'un endroit sécurisant. Cette recherche s'associe à un estompage de confusion (FE). Les réponses (A, Kan, Kp) font référence à une régression du Moi corporel qui semble déficitaire. L'adolescente fait une représentation négative de son corps, qui signale également l'inhibition du sujet. En outre, celle-ci ne réussit pas à contenir l'angoisse de Grâce qui transparaît clairement dans la deuxième réponse.

Planche VI : La première réponse a tendance à montrer que l'adolescente identifie son Moi corporel à une peau d'animal, c'est-à-dire un animal à qui on a enlevé la peau et on a jeté la chair. L'angoisse intrapsychique se fait manifester à travers les éléments formels quelque peu près de la réalité (F±). Les déterminants comme (Art, Kob, Kp, Kan, H, E) renvoient aux réponses estompées et justifient d'ailleurs cette posture. Elle s'en défend *« Ceci ressemble à la peau d'un animal qu'on a dépecée »*. Par rapport au niveau 3 de l'enquête, l'adolescente laisse entrevoir des problèmes liés à l'identité sexuelle et laisse apparaître des tendances homosexuelles, c'est-à-dire des difficultés à s'engager avec les pairs de sexe opposé dans la vie intime.

Planche VII : Les réponses ici sont données, alors que l'adolescente est encore sous le choc émotionnel de la planche VI. La verbalisation est réduite. Grâce semble infantiliser le couple parental qu'il projette comme étant des bébés qui n'ont aucune décision à prendre d'eux-mêmes. L'adolescente fait ressortir une kinesthésie, mais qui est indifférenciée. Cette indifférence sur la précision de la kinesthésie féminine laisse supposer les perturbations dans les rapports entre la mère et l'enfant. Ces rapports anxieux montrent que l'adolescente a des difficultés à nouer les relations hétérosexuelles. La présence du Dbl indique que l'adolescente a subi des problèmes avec les objets archaïques. Raison pour laquelle elle adopte un style vestimentaire au travers duquel elle pense se compenser.

Planche VIII : Les réponses à cette planche semblent redonner de la force à l'adolescente. Elle produit deux réponses globales associées plus ou moins aux éléments formels (F±). *« C'est quand même ça, qui est gai, même si les couleurs sont mal agencées. Cela ressemble à un groupe de petits animaux qui se battent ».* Les réponses (A, Dbl) indiquent ici une tendance aux préoccupations somatiques qui illustrent bien la qualité des rapports avec son corps. L'angoisse ici est latente et l'adolescente ne voudrait pas vraiment l'exprimer. Le cadre familial est représenté en petits cadres de référence distincts les uns des autres. La couleur est bien vue dans la représentation pastel. Ce qui indique une inhibition du sujet face à la réalité, mais surtout son évolution dans les stades préœdipiens. C'est la raison pour laquelle son Moi corporel présente plus de distorsions par rapport à la réalité.

Planche IX : D'entrée de jeu, Grâce fait apparaître les conduites agressives avec une globalité impressionniste. A travers ces modalités, l'adolescente semble ne pas être aimée par sa mère et même par tout le couple parental. La présence des (K, des Kp, Kob) connote les sentiments de timidité, d'inhibition et d'infériorité. Les kinesthésies d'objet et les Dbl indiquent la recherche de la libération sexuelle caractérisée par la confusion et la recherche de l'affirmation de soi. Ceci étant, elle inhibe chaque fois qu'elle se retrouve face à un pair de sexe opposé, et même de son âge. Les CF,

FC, C renforcent son angoisse signe d'une immaturité affective puisqu'elles sont la manifestation même des pulsions agressives. L'on a tendance à croire que Grâce se désengage par rapport à l'histoire familiale, puisque l'image parentale semble négative par rapport aux rapports qu'elle a eu avec eux. Elle cherche alors à compenser sur son corps dans le but de compenser la qualité des liens narcissiques et le caractère égocentrique *« Elles ont décidé de mener une guerre qui ne va pas finir tout de suite »*. Les réponses (Sg, Dbl) dénotent que la qualité de rapports au corps n'est que la conséquence réelle de la situation dans laquelle elle a vécu. *« Les deux personnes ont dans leurs mains comme les lances et peuvent finir par se tuer et tuer d`autres personnes. C`est la raison pour laquelle on a du sang par endroit, la couleur rouge vraiment »*.

Planche X : Le temps de latence est particulièrement long (18") marqué par l'absence d'expression de contacts humains. L'adolescente évoque les formes humaines et non les personnes vues. La réaction émotionnelle va dépendre d'une rupture qu'elle a vécue avec les objets archaïques. Manifestations hors réponses : la verbalisation est plus prolixe qu'au début du protocole, les commentaires sur l'aspect formel de la planche sont nombreux. Tous ces signes concourent à la mise en place de manifestations émotionnelles intenses. L'association avec le terme *« bordel »* comme dans certains précédents est déniée, ce qui fait penser à la présence de culpabilité quant à l'excitation pulsionnelle induite par le stimulus (dont on peut retrouver les signes dans les commentaires du sujet sur les *« limites rouges »*). La kinesthésie d'objet est signe de l'émergence des pulsions sexuelles du sujet. La couleur est importante dans la détermination de la réponse et dévoile la prégnance du registre émotionnel. La planche est riche et lourde de significations possibles. Les positions régressives sont exprimées négativement et renvoient à la symbolique maternelle prégénitale associée aux fantasmes de grossesse et de naissance. Le sujet est donc obligé d'adopter les constructions créatrices en kinesthésies, alors que l'incapacité à les manier renvoie à la détériorisation du corps. *« Les formes humaines qui sont ici se croisent les indexes. On a aussi deux animaux autres et beaucoup d'objets, au milieu on a encore trois points ayant la forme».*

5. DISCUSSION ET CONCLUSION

L'examen de l'histoire du cas permet de constater que la construction de l'identité de genre est étudiée ici dans une situation particulière, celle de la défaillance dans l'exercice de la fonction parentale dans une famille atypique. Théoriquement, les changements morphologiques à la puberté vont conduire l'adolescente à adopter un certain rapport avec son corps lequel rapport peut favoriser plus tard son adaptation à son environnement. Mais lorsque l'adolescente vit dans une famille atypique où l'exercice de la fonction d'un parent fait défaut, le processus de la construction de l'identité de genre peut l'amener à faire face à des ruptures et à des contradictions. Pendant l'adolescence, l'enfant a besoin d'être aimé, de sentir que ses parents ont eu besoin de lui ; le besoin d'amour étant l'une des nécessités les plus impérieuses de l'être humain. (Anzieu, 1995 ; Freud, 1926 ; 2007 ; Poussin, 2004 ; Lacan, 1938 ; 1957 ; 2001 ; Le Camus, 2000 ; 2011 ; Delion, 2010 ; 2013 ; 2014 ; Marcia, 2002).

Après les analyses des entretiens et du Rorschach, il ressort que les enfants sont mésestimés, méprisés et dévalorisés par la mère ce qui crée chez eux un sentiment de frustration et d'anxiété, source d'indiscipline et du rejet des parents par les adolescents. Ceci permet de comprendre que la fantasmatique autour du berceau est riche et complexe, non seulement pour la mère, mais aussi pour tous les protagonistes de l'événement. Elle se passe en présence du mari (Lacan, 1938). Les planches sont vécues comme le franchissement des interdits mettant en jeu les relations de l'adolescente avec ses parents et c'est ce qu'elle cherche à introduire au niveau de sa projection. La qualité de l'imago serait alors pronostique à des marquages corporels. Le stade du miroir permet à l'enfant de se reconnaître dans une image de lui-même, de s'identifier (à) cette image, alors même que l'image dans le miroir va perdre son caractère de réalité pour accéder à une dimension virtuelle. La construction d'une identité corporelle négative amène l'adolescente à s'exprimer de manière somatique. Celle-ci s'engage sans véritable questionnement. L'adolescente combine des identités moratoires, forcloses et confuses. Elle se situe dans une faible représentation identificatoire.

Par ailleurs, la recherche a démontré que l'adolescente, peut assouvir son désir d'autonomisation en utilisant un pseudonyme, un marquage corporel, un type vestimentaire qui le détache du patronyme officiel de la famille et lui permet ainsi d'exister en tant qu'individu propre, symboliquement séparé de ses points d'ancrages générationnels. Or, l'on sait que le désir de l`enfant participe à l'élaboration de sa personnalité future. C'est dans ce sens que Lacan (1957) a parlé de la représentation fantasmatique de l'enfant. De son expérience, il en découle que l'enfant ne peut se vivre qu'à partir de trois registres : le père symbolique, le père imaginaire et le père réel. De même que l'archétype mère, le père archétypique est préformé dans l'inconscient collectif des individus. Il intervient comme une instance unificatrice de la représentation que l'enfant a du père. Le père symbolique est une forme d'actualisation de l'archétype qui lui correspond. Il dépend, à l'inverse de l'archétype qui est strictement atemporel, des facteurs familiaux, de la situation individuelle de l'enfant, de sa culture ou encore plus de son historicité lointaine.

Il ressort du cas unique que la fonction paternelle intervient au niveau du développement tant affectif que cognitif en assurant les possibilités d'autonomie et d'indépendance, nécessaires à une vie affective équilibrée. Il est nécessaire de penser qu'elle ne se réalise que dans la triangulation familiale. La fonction parentale intervient également au niveau de l'organisation de la personnalité, dans la mesure où elle permet la constitution d'un surmoi stable à travers la fonction d'autorité. Lacan (1938 ; 1957) avait pensé qu'avant la naissance, le père est dans la mère et vice versa. La fonction parentale doit être prise au sérieux, du désir à la naissance en passant par la grossesse pour permettre à l'enfant d'intégrer une bonne image de ses parents. Si l'image construite est négative, elle peut entraîner plus tard à l'adolescence plusieurs inadaptations. L'empreinte laissée par les pères est positive quand les adolescents se sentent portés par le désir de leur père et l'envie qu'il soit fier d'eux, à condition que ce ne soit ni un désir superficiel ni égoïste. Mais cette empreinte peut être aussi négative, quand il y'a trop d'amour, ou lorsque le lien a laissé une blessure mal refermée.

La théorie de la fonction parentale permet de comprendre que le problème des imagos parentales montre l'existence du bon fonctionnement ou des dysfonctionnements entre les parents eux-mêmes et aussi entre les parents et leurs enfants. La recherche, a aussi permis d'explorer ce que l'imago parentale du fait de la défaillance dans la qualité de l'autorité a comme conséquence dans la construction de l'identité de genre des adolescents. La recherche a révélé que l'absence du père dans la famille amène à la défaillance de telle manière que la mère soit dans une démarche permissive ou autocratique. L'imago parentale n'est que la manifestation du ressenti parental ; c'est-à-dire comment chaque parent a assuré sa fonction auprès de l'enfant et de comment il a assuré celle-ci.

RÉFÉRENCES BIBLIOGRAPHIQUES

Albarello, L. (2003). Apprendre à chercher. *L'acteur social et la recherche scientifique* (2ème édition). Bruxelles : De Boeck Université.

Anzieu, D. (1995). *Le Moi –peau.* Nouvelle édition revue et augmentée. Paris : Dunod.

Berger F. F, (2012.). Du nouage du corps et de la psyché dans les dessins d'enfant. *La lettre de l'enfance et de l'adolescence. , 87(4), 137-144.*

Bessette , P. , Dufour, V. , Krymko-Bleton, I. et Lesourd,S. (2012). L'Œdipe africain à travers une lecture des dessins d'une enfant sénégalaise. *Recherches qualitatives,* 31(1),248-277,Montréal,URL :http://www.recherchequalitative.qc.ca/numero31(1)/prudence-bessette-veroniquedufour- irene-krymko-bleton-serge-lesourd.pdf .

Camilleri, C. et Cohen. Emérique, M. (2000). *Chocs de cultures : Concepts et enjeux pratiques de l'interculturel.* Paris : Presses Universitaires de France.

Chiland, C. (2002). *L'entretien clinique.4ème éd* Paris : PUF.

Delion, P. (2010). La consultation avec l'enfant : Approche psychopathologique du bébé à l'adolescence. *Collection les âges de la vie* : Masson.

Delion, P. (2013). *Ecouter, soigner la souffrance psychique de l'enfant.* Editions : Albin Michel.

Delion, P. (2014). *L'enfant et son psychisme.* Paris : Dunod.

Freud, S. (1926). *Cinq leçons sur la psychanalyse* .Paris : Payot.

Freud, S. (2007). Des théories sexuelles infantiles. In *Œuvres complètes, tome VIII*, PUF.

Gutton,Ph. (2006). « *Parentalité.* », Adolescence . 55(1) p. 9-32.

Lacan, J. (1938). L'image sociale et fonction du père. La triangulation œdipienne et les images Parentales. pp. 107 -123.*Séminaire 5* Paris : Seuil.

Lacan, J. (1957) *Les formations de l'inconscient psychologie.* T IX, .4-5.

Lacan, J. (2001) Note sur l'enfant. In *Autres Ecrits*. Paris : Seuil.

Lebovici, S. (2004). Psychiatrie générale et psychiatrie de l'enfant et de l'adolescent. S. Lebovici, S. (2004). *Approche familiale*. S. Lebovici, R. Diatkine& M. Soulé (Eds.), *Nouveau traité de psychiatrie de l'enfant et de l'adolescent* (45-75). Paris: Presses Universitaires de France.

Le Camus, J. (2000). *Le vrai rôle du père*. Paris : L'harmattan.

Le Camus, J. (2011). *Un père pour grandir, essai sur la paternité*. Paris. Robert Laffont.

Malher, M. (1973). *Psychose infantile*. Paris : Payot.

Marcia, J.E. (2002). Identity and Psychosocial Development in Adulthood .*In Identity*. 2. 7-28.

Martial A. (2003). *S'apparenter. Ethnologie des liens de familles recomposées*. Paris : Éditions de la Maison des sciences de l'homme, coll. « Ethnologie de France ».

Moreau, A. (2002). La crise de paternité in Cyrille Guillaumont, *Les troubles psychiques précoces du post partum.* « 1001 bébés », 95-105.

Tsala Tsala, J.Ph. (2002). Adolescence et crise familiale en Afrique. Approche systémique d'un cas dans une famille camerounaise. In J.P. Tsala Tsala (Ed.), *Santé mentale, psychothérapies et sociétés*, 111-139. Vienne : WCP.

Widlöcher, D. (1990). Le cas au singulier. *Nouvelle revue de psychanalyse.* 42, (2), 285-301.

AXE 2 : COMPARAISON DE LA CONNOTATION DU MASCULIN ET DU FEMININ DANS LE CHAMP SOCIAL

TRAVAIL DE SUBJECTIVATION ET RECONSTRUCTION DU SENTIMENT IDENTITAIRE CHEZ LA FEMME EN SITUATION DE HANDICAP MOTEUR ACQUIS À L'ÂGE ADULTE

Par Emilie Clarisse TCHOKOTE, Department of Guidance Counselling, HTTTC Kumba, University of Buea, Email: emilietchoko@yahoo.fr

RÉSUMÉ :

L'étude s'intéresse à la manière dont le sujet « gère » psychiquement la confrontation à l'évènement fragilisant qu'est le handicap acquis et qui réactive potentiellement le trauma. Comme le pense Kaës (1993), la confrontation à un événement traumatisant exige du sujet une mobilisation des modalités relationnelles indifférenciées et groupales pour ainsi faire face à la blessure narcissique et au risque d'effondrement. En se basant sur la méthode clinique fondamentalement qualitative, l'entretien semi directif auprès de deux cas de sujet permet d'obtenir le résultat suivant lequel la reconstruction psychique du sujet confronté à un handicap acquis à l'âge adulte peut être possible. Dans ce contexte, la condition serait que le rapport à soi et au monde bénéficient d'un cadre où le lien à l'autre, signifiant et secourable, favorise l'évolution de la subjectivation de la réalité de l'atteinte.

MOTS CLES : Travail de subjectivation, identité, femme adulte, handicap

ABSTRACT:

This study focuses on the manner the subject "manages" psychic confrontation with weakening event like acquired handicap and which reactivate potential trauma. As Kaës

(1993) thought before, a traumatizing event forces the subject to mobilize indifferentiated and grouped relational modalities in order to face narcissic wound and risk collapse. Using the fundamental clinical and qualitative method, the semi-directive interview of two case studies obtained that psychic reconstruction of subject confronted with acquired handicap in adulthood is possible. In this context, the condition would be that relationship with self and the world benefits from a setting where the significant and helping link to others favors the evolution in subjectivation to reality of acquired handicap.

KEY WORDS: subjectivation work, identity, adult woman, handicap

INTRODUCTION

S'intéresser à la personne qui a vécu l'expérience d'un accident à l'âge adulte et qui a définitivement perdu la motricité de ses membres inférieurs, exige que l'on se penche notamment sur les stratégies qu'elle met en œuvre pour se reconstruire psychiquement. La perte, l'altération ou l'insuffisance des fonctions motrices des membres inférieurs, sont considérées comme une déficience motrice. Elle est caractérisée par une limitation dans l'exercice des fonctions motrices et a un impact sur la structure psychologique, anatomique et physiologique du sujet (Joly, 2009a ; Joly, 2009b ; Gonzales-Puell et Salleres, 2003 ; Ville et Raveaud, 1994 ; Stiker, 1982). Elle est liée à une incapacité motrice chez celui qui en est porteur et serait de nature congénitale ou acquise. Cette incapacité affecte la constitution de l'individu et remet en question son identité corporelle jadis structurée dans son psychisme.

Après l'accident, l'évolution concernant la manière de sentir, de mouvoir son corps, dans la manière dont l'autre, familier ou étranger, perçoit, regarde, touche ce corps, peut avoir une influence sur l'identité du sujet. Le sujet adulte qu'il soit du genre féminin ou masculin vit une certaine modification dans ses habitudes de vie et est forcé d'envisager une reconstruction sur tous les plans afin d'éviter les risques d'effondrement psychique. On s'intéresse ici au sujet féminin et à la façon dont il « gère » psychiquement la confrontation à l'évènement traumatisant l'ayant fragilisé.

1. CONTEXTE DE L'ETUDE ET NATURE DU PROBLEME

La survenue de la déficience motrice chez le sujet adulte impose un ensemble de remaniements sur tous les plans de sa vie. Dans ce sens, le sujet doit pouvoir se reconstruire autant du point de vue objectif que subjectif. La nécessité de reconstruction du sujet suit la logique de la quête d'instauration d'un sentiment identitaire stable et cohérent ainsi qu'un sentiment d'estime de soi permettant d'envisager et d'affronter les difficultés qui s'imposent dans la vie quotidienne.

Avant l'accident, le sujet semblait jouir de toutes ses compétences et capacités physiques. La survenue brutale d'une déficience motrice à l'âge adulte empêche au sujet de jouir pleinement de ses capacités physiques. Les conduites du sujet qui, antérieurement avaient semblé bien structuré et organisé dans le psychisme, subissent une rupture subite entraînant une perturbation du fait de la perte de ses compétences physiques et psychologiques.

Or, si le sujet veut envisager un devenir cohérent, il doit impérativement faire preuve d'un dépassement psychique avec pour condition une mise ensemble de force ou de faiblesse « réveillée, révélée ou encore héritée » (Scelles, 2002). Cette condition favorise l'élaboration de la subjectivité de la personne atteinte, par un processus qui se veut évolutif et qui amènera le sujet à faire évoluer la subjectivité de la réalité du trauma et de ses conséquences par une cognition transformée. L'étude soulève le problème de la reconstruction du sentiment identitaire chez la femme adulte en situation de handicap moteur.

2. HANDICAP ACQUIS CHEZ LA FEMME ADULTE

Selon Stavrou et Sarris (1997), les sujets confrontés à une déficience motrice connaissent une image du corps problématique. Sur le plan relationnel, la déficience motrice acquise à l'âge adulte vient non seulement perturber la vie du sujet, mais aussi attaque le lien du sujet avec son entourage. La transformation du sujet à travers la marque des séquelles somatiques et psychologiques, menace les équilibres qui paraissaient stables ainsi que les éventuels projets individuels et collectifs des membres de la famille. L'effraction physique et psychique subie par le corps du sujet dans ce cas ne permet plus l'existence d'un plan de démarcation entre le monde psychique externe et le monde psychique interne.

Au sens de Anzieu (1995), il y a comme une atteinte aux fonctions du Moi-peau chez le sujet devenu déficient moteur à l'âge adulte. Les troubles psychomoteurs qui surviennent réorientent l'histoire du sujet et remettent en question ses potentialités, ses conditions environnementales, ses conditions psychiques internes du point de vue intersubjectif et inconscient (Joly, 2009a). Il semble par conséquent que le fait de disposer des acquis antérieurs solides et stables peut favoriser la confrontation au handicap et par ricochet une bonne estime de soi. Dans ce sens, nous pensons avec Fougeyrollas (2004), Fougeyrollas et Dumont (2010), que les personnes ayant des déficiences physiques significatives vivent un processus de construction ou de reconstruction identitaire en passant par un processus d'adaptation.

Concernant le sujet féminin en situation de handicap acquis à l'âge adulte, les conditions d'une reconstruction identitaire sont liées aussi bien aux paramètres culturels qu'environnementaux. En fonction du rôle psychosocial joué par la personne au moment de la survenue du handicap, en fonction aussi de l'âge de l'acquisition du handicap, on notera un impact sur la qualité du travail de subjectivation que met en œuvre la femme pour ainsi se reconstruire psychiquement. Sachant qu'après un accident ayant causé une déficience motrice à l'âge adulte, la femme a besoin de se réapproprier et réapprendre son corps, ses envies, ses désirs et ses fantasmes.

Le regard de la société et l'impact des valeurs culturelles émettent sur la femme des sortes de préjugés et même des jugements sur ses capacités esthétiques, ses capacités de séduction, de féminité et de sexualité qui impactent sur son estime de soi. À ce propos, Mbassa Menick (2015, p.30) précisait déjà que *« le handicap physique ou mental est une composante majeure de la stigmatisation et de la marginalisation de ceux et celles qui en souffrent dans toutes les cultures »*. Le sujet de sexe féminin se doit donc d'affronter tous ces évènements pour espérer une reconstruction de son sentiment identitaire qui passe par son regard sur elle-même et le regard du monde. Comme le pense Scelles (2013, p.137) *« le regard d'autrui contribue à la construction de l'identité du sujet en participant à une interaction dialectique entre connaissance de soi et connaissance d'autrui »*.

3. CONDITIONS D'UNE RECONSTRUCTION DU SENTIMENT IDENTITAIRE

Après un bouleversement psychique et une rupture des acquis antérieurs par la survenue brusque de la déficience motrice à l'âge adulte, après une modification ou un changement qu'a subi le corps, Brun (2006) estime que la construction identitaire du sujet est possible pour que le sujet puisse dire « moi-je », témoignant ainsi de la capacité de pouvoir habiter son corps de manière psychique et sensorielle. C'est dire que le corps abimé, détérioré, déformé par la survenue d'une déficience motrice peut encore servir de lieu d'identification et participer au processus de construction du sujet avec pour condition comme le pensent Ciccone et al. (2007), de pouvoir faire un travail de transformation et de subjectivation de la réalité par la pensée s'étayant sur le groupe en tant que contenant et / ou sur un autre qui est investi affectivement.

Il s'agit de ce fait pour le sujet de pouvoir gérer psychiquement le trauma induit par la nouvelle situation s'objectivant par la survenue du handicap. Comme le pense Kaës (1993), en cas de traumatisme, il y a un repli sur des modalités relationnelles indifférenciées, groupales, pour faire face aux risques de blessure narcissique, et pire, au risque d'effondrement. La gestion du trauma exige du sujet un travail psychique dans le sens de la quête de réajustement psychomoteur, réajustement affectif et réajustement relationnel, car l'adulte doit affronter le regard de l'autre, qui s'inscrit en réalité dans l'expérience du miroir ; cette image perçue dans le miroir est issue aussi bien du regard extérieur que du regard intérieur. À ce propos, Chazelle (2015, p.6) pense que

> *Le regard de l'autre peut être blessant, rejeter l'individu qui ne répond pas à une certaine normalité, en le jugeant sur son apparence et sa manière d'être, mais l'expression verbale aussi.*

Il serait question pour le sujet dans ce cas de pouvoir se reconnaître dans l'image qui lui est renvoyée par autrui. Le cadre du lien à l'autre paraît primordial dans la mesure où cet autre devra être signifiant, secourable et se proposer comme contenant de pensée. Dans ce sens, Paré, Fougeyrollas et Charrier (2013, p.17) estiment que *« c'est souvent dans le regard des autres que la personne dite handicapée perçoit la fracture dans son développement humain »*. C'est dire que les conditions d'une reconstruction identitaire passent par la qualité du rapport à soi, à l'autre et au monde.

Le rapport à soi peut être envisagé au niveau de l'estime de soi qui est selon Coopersmith (1981), une attitude positive ou négative à l'égard du soi. Pour Hong, Bianca, Bianca et Bollington (1993, p.95), *« c'est une attitude individuelle envers soi-même, impliquant une autoévaluation sur une dimension positive-négative »*. L'estime de soi n'est pas figée, mais peut varier d'un moment à un autre chez le sujet en fonction des situations, des contextes et des circonstances. Mentionnons qu'il existe des niveaux de stabilité du soi selon Lamia et Esparbès-Pistre (2004) telles que l'estime-trait ou dispositionnelle, qui fait référence à la cohérence et à la continuité du sujet dans le temps et l'estime-état ou situationnelle qui varie selon les situations et les contextes.

4. POUR UNE NECESSITE D'UN TRAVAIL DE SUBJECTIVATION

Le handicap acquis à l'âge adulte exige du sujet un travail de subjectivation pour se reconstruire psychiquement et sur le plan identitaire. Cette reconstruction peut être favorisée par un processus de subjectivation du handicap à partir du moment où le « penser », le « penser ensemble » dans une dialectique groupale est permis en particulier par soi-même et par la qualité du lien à l'autre. Ces conditions permettent au sujet d'envisager l'objet externe menaçant, troublant l'équilibre physiologique et morphologique comme psychiquement intégré et sans rupture du lien. Ceci pourra permettre en outre l'utilisation des stratégies identitaires adéquates dans la façon dont les sujets réagissent individuellement et collectivement à l'impression de déstabilisation induite par l'expérience traumatisante.

Le processus de subjectivation a de ce fait pour objectif de favoriser un sentiment identitaire cohérent, qui trouve à se matérialiser et à s'exprimer sur le corps du sujet possédant un équipement somatique et vécu psychiquement. Le corps apparaît dès lors comme un lieu privilégié des manifestations et des représentations façonnées par le milieu familial, social, culturel. L'image que le sujet se fait de son corps est en perpétuelle construction et dépend de l'évolution temporelle rythmée par les circonstances et évènements qui surviennent tout au long de sa vie. Le sentiment identitaire est par conséquent cette conscience subjective de soi qui se reconnaît distincte de l'autre et qui est facilitée par les échanges qu'elle entretien avec l'autre. *« Le sentiment d'identité s'inscrit dans une tension et une homologie entre l'individu et le groupe, entre les besoins internes et les influences sociales ; entre la singularité et la pluralité »* (Marc, 2005 p.121).

5. METHODOLOGIE

L'étude s'inscrit dans la logique compréhensive, et cherche à cerner l'impact du travail de subjectivation sur la reconstruction du sentiment identitaire chez la femme en situation de handicap moteur acquis à l'âge adulte au Cameroun. A partir d'une étude de deux cas, la méthode clinique de recherche a été appliquée pour saisir le sujet concret en situation actuelle et en rapport à son histoire personnelle (Fernandez et al., 2001; Douville, 2006). Dans le souci de respecter l'anonymat et la confidentialité, les pseudonymes de Marie et Eva ont été attribués aux cas de l'étude qui ont été rencontrés au Centre National de Réhabilitation des Personnes Handicapées Paul-Emile Leger (CNRPH) à Etoug-Ebe Yaoundé. La collecte des données s'est faite sur la base d'un guide d'entretien thématique permettant d'évaluer le degré du travail de subjectivation mis en œuvre par les sujets après l'acquisition du handicap ainsi que le niveau d'atteinte du sentiment de reconstruction identitaire.

L'analyse thématique de contenu a été utilisée pour traiter les résultats à l'aide d'une grille élaborée ayant deux grands thèmes à savoir : le thème concernant les éléments du travail de subjectivation à travers le travail de transformation de la pensée et de subjectivation de la réalité, l'étayage groupal, la quête de réajustement psychomoteur, la quête de réajustement affectif et relationnel, le vécu de l'expérience du miroir, le thème concernant la reconstruction du sentiment identitaire à travers la qualité du rapport à soi, la qualité du rapport à l'autre, l'attitude à l'égard du soi, l'évaluation de l'estime-trait ou dispositionnelle et l'évaluation de l'estime-état ou situationnelle.

6. RESULTATS

Les résultats issus de l'analyse thématique des contenus des verbatim sont présentés avec une mise en évidence des éprouvés et du vécu des deux cas de l'étude. Ceci a pour but de rendre compte de la dynamique du travail de subjectivation mis en œuvre par les sujets confrontés à une déficience motrice acquise à l'âge adulte afin d'éviter l'effondrement psychologique et espérer une reconstruction du sentiment de leur identité.

6.1. Handicap acquis : traumatisme vécu et éléments du travail de subjectivation

6.1.1. Cas Marie

Le sujet Marie est une jeune femme âgée de 35 ans au moment de l'entretien. Deuxième enfant d'une fratrie de cinq, titulaire d'une licence en droit, elle est enseignante et cadre dans une structure privée à Yaoundé au Cameroun, célibataire et mère d'un enfant. Elle a été victime d'un accident de circulation à l'âge de 30 ans lors d'un voyage et elle s'en souvient encore lorsqu'elle précise :

> *Nous étions 70 personnes dans le bus, lorsque le chauffeur a perdu le contrôle du véhicule, j'ai vu des morts tout autour de moi. On a compté 40 personnes*

décédées sur le coup. Je ne comprenais pas ce qui se passait. C'était comme si je rêvais !

Une fois transportée en urgence à l'hôpital, le médecin lui annonce que pour sauver sa vie on va amputer sa jambe qui a déjà été partiellement broyée. Cette expérience a été vécue par Marie comme un traumatisme. Elle dit à propos :

> *Dès cet instant, ma vie a changé ! Je pensais à mon fils qui avait un an et demi ! Au père de mon enfant ! À l'espoir de me marier un jour et faire plusieurs autres enfants ! À ma famille et mes amis ! Je vous jure madame, c'est très douloureux ! La vie n'avait plus de sens ! Je me demandais pourquoi je ne suis même pas morte comme les autres ce jour de l'accident ! C'est terrible !*

Les mécanismes de défense tels que le déni de la réalité, la projection, sont observés et mis en œuvre par le sujet pour se défendre de l'effet dévastateur du traumatisme subi. Le sujet affirme que sa présence au bloc des femmes du CNRPH lui a permis de comprendre qu'elle n'était pas la seule à être victime d'une telle situation. Elle a rencontré des femmes avec des situations plus difficiles que la sienne et avec l'aide de ses *« voisines de lit »,* elle a commencé à intégrer le fait qu'elle soit dans *« un fauteuil roulant »* et elle dit à propos :

> *J'ai compris qu'il fallait envisager la vie autrement ! Et ne plus trop se lamenter sur son sort, après tout c'est dieu qui décide du destin de chacun, je crois en lui ! Et j'attends qu'il accomplisse son plan dans ma vie !*

On note à travers les verbalisations de Marie, un travail de transformation de la pensée qui est motivé par les paramètres environnementaux d'abord et ensuite par les effets de la spiritualité. En outre, le sujet marie a donné du sens à la survenue de l'accident ainsi qu'à son état actuel de personne amputée et déficiente motrice. Sa famille lui a été d'un très grand soutien comme elle affirme elle-même dans ses propos :

> *Sans ma famille, je ne sais pas ce que j'allais devenir, à l'époque je n'avais pas d'emploi, pas de mari, rien, sauf mon fils ! mais lorsque j'ai vu comment mes frères et ma mère se sont mobilisés pour moi, j'ai compris que j'étais vraiment aimée ![...] je ne m'attendais pas à ça ! Ce sont eux qui mon appris à me servir de mon fauteuil pour me déplacer !*

On note ici que l'étayage groupal est mis en œuvre à travers la gestion et la quête d'homéostasie au sein du groupe familial, ainsi que la mobilisation des efforts pour ainsi réintégrer un des membres de la famille victime du handicap. Ceci a favorisé chez le sujet une quête de réajustement psychomoteur dans le désir de se déplacer en fauteuil roulant et de se réapproprier l'attachement dont les membres de sa famille ainsi que ses amis lui proposaient. Elle affirme à propos :

> *Au départ, mon regard ne voulait croiser le regard de personne, je ne voulais même pas qu'on me rende visite ! C'est bien après six mois, que j'ai commencé à accepter et laisser les gens me voir dans cet état ! Mes frères et mes amis me disaient sans cesse de compter sur eux, qu'ils ne pouvaient pas m'abandonner et que même assisse sur une chaise, j'étais importante pour eux ! Mais, ce qui m'a déçue, c'est que mon petit ami, le père de mon enfant est venu me voir deux fois seulement, et subitement, plus rien ! (long silence)... bon on va faire comment ?*

Ce réajustement affectif et relationnel s'accompagne de l'expérience du miroir vécue par Marie lorsqu'elle réaffirme qu'elle évitait le regard des gens et donc elle a accepté cette réalité avec le temps et grâce au soutien de son environnement familial et social. On note tout de même la frustration ressentie lorsqu'elle évoque le fait que le père de son enfant lui a rendu visite juste deux fois. Après une relance au niveau de l'entretien, elle précise :

> *Je sais pourquoi il s'est désintéressé à moi ! Parce que mon corps ne répondait plus comme il voulait, il n'a pas compris que je ne suis pas responsable d'une telle malformation ! (bégaie), mais c'est la volonté de Dieu ! J'avais souhaité qu'il m'épouse, mais bon ! Qu'est-ce que je peux encore faire ? Je l'ai même appelé plusieurs fois au téléphone, il me disait toujours qu'il est en déplacement et qu'il allait envoyer l'argent pour mon fils ! Jusqu'aujourd'hui ! J'ai déjà compris et j'espère seulement refaire ma vie avec quelqu'un d'autre si Dieu veut !*

6.1.2. Cas Eva

Le sujet Eva est une jeune femme âgée de 32 ans au moment de sa rencontre au CNRPH. Fille aînée d'une fratrie de trois, elle a connu un parcours scolaire couronné d'un Baccalauréat série littéraire (A4). Sans emploi, célibataire et sans enfant, Eva a été victime d'un accident de circulation lors d'un déplacement pour son village à l'âge de 28 ans, et elle s'en souvient avec une émotion pénible, lorsqu'elle précise :

> *Je me rendais au village à Pouma pour une réunion familiale et notre bus a fait un accident juste après Mbankomo ! J'étais la seule à être touchée ! Au point où je ne ressentais plus mes jambes (silence) ! On m'a évacué à l'hôpital ! Vraiment j'ai eu la malchance de ma vie ce jour ! Ce qui m'est arrivé n'a pas de mots pour décrire ! (silence)*

Eva a été victime d'un traumatisme et elle relate ce qui suit :

Je n'avais jamais... (silence)...dans ma vie, vu quelqu'un ou quelqu'une assise sur le fauteuil roulant, je me disais que c'est passager et que le médecin allait me soigner... Je vais me remettre... mais curieusement les jours passaient ... passaient... C'est quand on m'a transféré ici à Etoug-Ebe que maintenant je commence à réaliser vraiment que je ne suis plus comme avant... !

On note ici le désespoir dans le discours de Eva lorsqu'elle apprend que désormais, elle va faire usage du fauteuil roulant pour se déplacer. Le choc ressenti à l'issue de cette annonce oblige le sujet à débuter un travail de deuil par la colère et le déni, mais qui par la suite sera un deuil inachevé puisque elle précise :

Vraiment, Madame, depuis près de 4 ans, je n'ai vraiment pas accepté cette chose... (fauteuil roulant), je préfère être couchée sur mon lit tous les soirs, je déteste même quand le jour se lève, parce que j'imagine que je vais l'utiliser pour faire tout ce dont j'ai envie ! Je n'ai même plus de liberté ! je suis toujours dans l'attente qu'un jour, je me lève du lit et je me déplace sans ça ! (fauteuil roulant).

Le travail de transformation de la pensée semble connaître une difficulté dans sa mise en œuvre et ceci pourrait s'expliquer par le fait que le sujet Eva a connu un soutien affectif pauvre lors de la survenue de son handicap. La richesse affective qu'elle aurait souhaitée venant de la part de sa famille a été altérée. A ce sujet, elle note :

Je suis l'aînée, et mes petits frères fréquentent encore, ma mère n'ayant pas les moyens financiers a eu vraiment de la peine à m'aider dans ma situation, c'est un de mes oncles ici à Yaoundé qui envoie de l'argent pour s'occuper de moi, pour faire la rééducation et tout ça ! Bref, je le vois même rarement, il envoie seulement l'argent par un de mes cousins, je suis constamment seule, ma mère vit au village, elle ne peut pas se déplacer facilement ! Je vais faire comment ?

Dans son discours, il ressort clairement que le sujet Eva vit une Pauvreté de contacts humains de la part des membres de sa famille et l'étayage groupal s'observe ici à travers la mobilisation des efforts mis en œuvre par d'autres personnes en situation de handicap rencontrées au CNRPH. Le sujet vit cette rencontre affective de façon positive et affirme :

> *Heureusement pour moi que mes sœurs sont ici avec moi ! Sans elles, je ne sais pas si je pouvais résister. Elles m'ont donné des conseils que même après ma sortie, je pourrais me faire désirer par un homme qui pourra même m'épouser ! Moi je n'y croyais plus ! J'avais même un ami avant mon handicap si, mais il vit à l'étranger, il m'appelle de temps en temps et m'envoie aussi un peu d'argent ! donc ... (rire) j'attends aussi !*

La subjectivation de la pensée est ressentie dans le discours de Eva, ce qui l'amène à observer un travail de réajustement affectif et relationnel mais pas psychomoteur. Car elle n'a toujours pas accepté de vivre et se déplacer à l'aide d'un fauteuil roulant. Ceci peut s'expliquer en partie par le fait que l'expérience du miroir est vécue avec difficulté. Elle évoque d'ailleurs :

> *Je ne veux même pas que les gens me voient dans cet état au quartier, j'espère que je vais aller mieux et même prendre les béquilles, je préfère encore, mais pas cette chaise ! Les gens me regarde avec pitié comme si... (silence).*

6.2. Vécu du sentiment identitaire chez les sujets

Le vécu du sentiment identitaire chez les sujets de l'étude est ici lié à la qualité du rapport à soi. On constate que le sujet Eva a des difficultés à s'assumer et s'accepter pleinement, elle dépend largement de l'apport de ses « sœurs » comme elle-même précise pour ainsi nommer ses partenaires de chambre au CNRPH. Par contre le sujet Marie semble être plus en confiance et à déjà accepté sa condition physique. La différence peut s'observer dans la qualité du tissage affectif que les sujets ont vécu avant et surtout après la survenue du handicap. Ce qui a favorisé une qualité de rapport à l'autre, à la famille, aux pairs, à l'environnement social.

Cette qualité du rapport à l'autre venant de l'environnement social a été d'une part contenante et adéquate pour le sujet Marie qui a bénéficié d'un apport affectif considérable, d'autre part inadéquate pour le sujet Eva qui a eu de la peine à bénéficier d'un tricotage affectif considérable de la part de sa famille. Ceci induit une attitude vis-à-vis du soi différente selon les sujets de l'étude. Pour le sujet Marie, elle est prête à affronter la situation ce qui génère un réajustement psychomoteur et relationnel. Tandis que le sujet Eva peine à se réajuster et s'assumer pleinement.

L'évaluation de l'estime-trait ou dispositionnelle chez les sujets de l'étude laisse entrevoir un sentiment de cohérence et un sentiment d'existence continue du sujet dans le temps. Car on note tout de même un sentiment d'espoir qui a une source différente selon les sujets. Chez le sujet Marie, la source de son sentiment de continuité dans le temps réside sur l'apport de son environnement familial, social et surtout spirituel. Tandis que chez le sujet Eva, on note que la source de son sentiment d'existence continue réside sur l'apport de ses partenaires de chambre en situation de handicap et sur une note d'espoir de savoir qu'elle pourra encore plaire à un homme (son petit ami) comme elle-même précise *« après ma sortie, je pourrais me faire désirer par un homme qui pourra même m'épouser ! »* L'évaluation de l'estime-état ou situationnelle est ici présente chez les sujets de l'étude, puisqu'on observe une certaine aisance à vouloir jouer des rôles en fonction des contextes et des situations. Cette variation permet de comprendre qu'il existe le début d'un vécu du sentiment identitaire cohérent qui demande encore à être renforcé.

7. INTERPRETATION ET DISCUSSION

A la lumière de l'analyse faite, il ressort clairement que la survenue d'un handicap acquis à l'âge adulte notamment chez la femme réoriente son histoire et remet en question ses potentialités, ses conditions environnementales ainsi que ses conditions psychiques internes du point de vue intersubjectif et inconscient comme l'ont stipulé Joly (2009a), Fougeyrollas et Dumont (2010). Ceci est perceptible dans les discours des sujets qui de façon spécifique impose un travail de subjectivation pour ainsi se reconstruire psychiquement. Comme l'avait déjà pensé Mbassa Menick (2015), la survenue d'un handicap physique impose une certaine stigmatisation de la personne qui en est victime et qu'elle ressent péniblement dans la nature du regard de l'autre.

A travers les verbalisations des sujets, on comprend aisément que le regard de l'autre peut contribuer à la reconstruction du sentiment de cohérence et de continuité dans le temps chez les sujets comme l'avait suggéré Scelles (2013). La qualité du regard venant de l'autre, de l'expérience du miroir peut rendre possible la capacité pour le sujet de pouvoir *« habiter son corps de manière psychique et sensorielle »* comme l'a stipulé Brun (2006).

Le travail de transformation de la pensée est observable à des degrés différents selon les sujets de l'étude et semble s'étayer sur le groupe (cas Marie) ou sur un autre investi affectivement tel qu'un ami ou une partenaire handicapée (cas Eva). Ciccone *et al.* (2007) préconisaient déjà que le travail de subjectivation semblait être une condition nécessaire pour que le sujet puisse gérer psychiquement le trauma induit par la situation du handicap acquis et faire face aux risques de blessure narcissique. Il est ressorti clairement que le cadre du lien à l'autre semblait primordial et les sujets l'ont perçu différemment en fonction de leur histoire et du tricotage affectif dont ils ont bénéficié.

Néanmoins, on note tout de même que le lien à l'autre, censé être signifiant, secourable et se proposer comme contenant de pensée peut être vécu selon les sujets comme un lien persécuteur selon le degré d'attention que le sujet accorde à la nature du lien. Ce qui pourrait par la suite favoriser une altération de l'homéostasie inter et intrapsychique des sujets. C'est le cas du sujet Marie, qui a connu une relation affective avec le père de son enfant et dont la relation affective a été brisée du fait de la survenue de son handicap comme elle précise :

> *Ce qui m'a déçu, c'est que mon petit ami, le père de mon enfant est venu me voir deux fois seulement, et subitement, plus rien ! (long silence)... bon on va faire comment ? [...]Je sais pourquoi il s'est désintéressé à moi ! Parce que mon corps ne répondait plus comme il voulait, il n'a pas compris que je ne suis pas responsable d'une telle malformation !*

Chez le sujet Eva, on constate qu'elle a de la peine à consolider véritablement un travail de subjectivation et de transformation de la pensée, malgré le fait qu'elle bénéficie d'un apport affectif de la part de « ses sœurs » handicapées. Ceci peut s'expliquer en outre par le fait que le sujet n'exerce aucune fonction professionnelle. Il nous semble important de souligner que le travail de subjectivation qu'évoquent les auteurs, en l'occurrence Ciccone et al. (2007), Scelles (2013) peut aussi être facilité par le fait que le sujet joue un rôle professionnel et valorisant. Ceci pourrait accroître son estime de soi autant dispositionel que situationnel comme l'ont pensé Lamia et Esparbès-Pistre (2004).

CONCLUSION

Il ressort de cette étude que la confrontation à un évènement douloureux tel que la survenue d'un handicap physique acquis à l'âge adulte oblige le sujet à mobiliser les modalités affectives, indifférenciées et groupales pour ainsi lutter contre le désordre psychique qui s'est imposé. Ceci a pour but de permettre une reconstruction du sentiment identitaire chez les sujets avec pour condition fondamentale un travail de transformation de la pensé et de subjectivation (Ciccone et al., 2007 ; Scelles , 2013). Ce travail de subjectivation trouve à se matérialiser sur la qualité du rapport à soi et au monde qui doit pouvoir bénéficier d'un cadre où ce lien à l'autre est signifiant et secourable, favorisant ainsi l'évolution de la subjectivation de la réalité de l'atteinte.

Il semblerait tout de même que si le cadre du rapport à l'autre est renforcé par le fait que le sujet joue un rôle professionnel tout en bénéficiant de l'apport affectif venant de son centre d'intérêt en terme du type d'attention focalisée sur un lien précis, ce dernier pourra aisément mettre en œuvre les stratégies de coping nécessaires non seulement pour son adaptation (Fougeyrollas, 2004 ; Fougeyrollas et Dumont, 2010), mais aussi pour faire un travail de transformation de la pensée efficace à faciliter la reconstruction de son sentiment identitaire. Une étude ultérieure pourrait à cet effet envisager les effets de l'efficacité des stratégies de coping sur la reconstruction identitaire des sujets féminins confrontés à un handicap acquis à cet âge développemental avec une connotation particulière sur la culture.

RÉFÉRENCES BIBLIOGRAPHIQUES

Anzieu, D. (1995). *Le Moi-peau.* Paris : Dunod.

Brun, D. (2006). Habiter son corps. *Recherche en psychanalyse, 2*(6), 7-10.

Chazelle, Y. (2015). La rencontre avec la personne en situation de handicap nous maintient en humanité. *Jusqu'à la mort accompagner la vie*. 120, 1, 5-16.

Cicconne, A., Korff Sausse, S, Missonnier,S. et Scelles, R. (2007). *Clinique du sujet handicapé-Actualité des pratiques et des recherches.* Paris : ERES.

Coopersmith, S. (1981). *The antecedents of self-esteem.* Palo Alto, CA : Psychologist Press.

Douville, O. (2006). *Les méthodes cliniques en psychologie.* Paris : Dunod.

Fernandez, L., Catteeuw, M. (2001). *La recherche en psychologie clinique*. Paris : Nathan.

Fougeyrollas, P. Dumont, C. (2010). Construction identitaire et résilience en réadaptation. *Frontière, 22*(1-2), 22-26.

Fougeyrollas, P, (2004). Identité, différences corporelles et fonctionnelles, et processus de production du handicap sur le plan de la participation sociale. Dans M. Mercier (dir). L'identité *handicapée* ; *Presses universitaires de Namur,* 225-237.

Gonzales-Puell, S., Salleres, C. (2003). Considérations psychoanalytiques dans l'accompagnement de personnes handicapées mentales. *Estados generales del Psicoanàlisis, segundo encontro mundial* Rio de Janeiro, Centro 'espoir et joie'

Hong, S., Bianca, M.A., Bianca, M.R., et Bollington, J. (1993). Self-esteem. The effects of life-satisfaction, sex and age. *Psychological Reports,* 72. 95-101.

Joly, F. (2009a). Le corps en question : psychopathologie des troubles instrumentaux (ou plaidoyer pour une approche complexe des dyspraxies et des troubles psychomoteurs. *Le carnet PSY* ; (7), 39-49.

Joly, F. (2009b). Corps et psyché. Dans F. Marty (dir). *Les grandes problématiques de la psychologie clinique*. (p175-194). Paris: Dunod.

Kaës, R. (1993). *Le groupe et le sujet du groupe*. Paris: Dunod.

Lamia et Esparbès-Pistre (2004) Lamia A. et Esparbès-Pistre, S.(2004). Estime de soi et vulnérabilité. P.Tap et M. Lourdes (dir) *Précarité et vulnérabilité psychologique*. Eres « hors collection ».

Marc, E. (2005). *Psychologie de l'identité, soi et le groupe*. Paris : Dunod.

Mbassa Menick, D. (2015). Les représentations sociales et culturelles du handicap de l'enfant en Afrique noire. *Perspectives psy*. 1 ,54. 30-43.

Paré, c., Fougeyrollas, P. et Charrier, F. (2013). Développement affectif et construction des représentations des différences. *Le journal des psychologues*. 309, 1, 14-18.

Scelles, R. (2013). Handicap : processus de subjectivation et lien à l'autre. Raynaud, J-Ph. et al. (2013). *Psychopathologie et handicap de l'enfant et de l'adolescent*. ERES. (Connaissance de la diversité). 137-152.

Scelles, R. (2002). *Contribution à l'étude des situations du handicap à la compréhension de la vie psychique du sujet dans ses liens aux autres*. HDR, Université de Rouen.

Stavrou, L. Sarris, D. (1997). L'image du corps chez les sujets ayant un handicap moteur dans l'épreuve projective du rorschach. *Revue européenne du handicap mental, 4*(16), 19-28.

Stiker, H. J. (1982). *Corps infirmes et sociétés. Essai d'anthropologie historique*. Paris : Dunod. 2005.

Ville, I., Ravaud, J-F. (1994). Représentation de soi et traitement social du handicap. L'intérêt d'une approche socioconstructiviste. *Sciences sociales et santé, 12*(1), 1-30.

LE MANAGEMENT AU FÉMININ DANS L'ENSEIGNEMENT SECONDAIRE GÉNÉRAL PUBLIC AU CAMEROUN : ENTRE STYLE DE DIRECTION ET LEADERSHIP

Par Emmanuel NDJEBAKAL SOUCK, Université de Yaoundé I, Faculté des Sciences de l'Éducation

RÉSUMÉ

Cette étude vise à comprendre la bonne représentativité des femmes aux postes de chef d'établissement dans l'enseignement secondaire public dans les chefs-lieux des régions au Cameroun. Contrairement aux préjugés et aux stéréotypes qui émettent encore des réserves et des doutes sur les aptitudes des femmes à piloter et diriger les organisations, les résultats révèlent qu'elles sont capables de performance autant que les hommes. Ces aptitudes ont un lien direct avec leur style managérial et leur capacité à s'adapter à des situations particulières. Les résultats de notre étude qui partent de l'analyse et de l'interprétation des données nous ont permis de comprendre que leur style de direction associé au leadership féminin créent et fondent leur positionnement et constituent une valeur ajoutée dans le management des institutions éducatives des grandes villes Camerounaises.

Mots clés : management, management au féminin, enseignement secondaire, style, direction, leadership.

ABSTRACT

The aim of this study is to understand principals in Government Secondary Schools in Regional headquarters of Cameroon contrarily to prejudice and stereotypes which still manifest doubts on the aptitudes of women to lead and administer organisations. Results shows that they are capable of performing like men. These aptitudes have a direct link with their administrative style and their capacity to adapt to particular situations. The results of our study which is based on the analysis and interpretation of data has led us to understand that their administration style coupled with feminine leadership creates and based on their positioning which is an added advantage to their administration of educational institutions in big Cameroon towns.

Key words: Administration, Feminine administration, Secondary school, Style, administration leadership.

INTRODUCTION

Dans la vision du Cameroun émergeant à l'horizon 2035, le Document de Stratégie pour la Croissance et l'Emploi (DSCE) réaffirme sans conteste la volonté du gouvernement à poursuivre la réalisation des Objectifs du Millénaire pour le Développement dans leur ensemble, selon une approche intégrée, concertée et transversale, faisant de la femme un acteur au rôle social renforcé. La Politique Nationale Genre, adoptée par le gouvernement le 16 janvier 2014 et mise en œuvre dans le cadre du Plan Multisectoriel élaboré selon un processus participatif qui met un accent sur des axes stratégiques aussi variés et complémentaires participe de cette dynamique. La valorisation du statut des femmes dans l'administration camerounaise en général s'inscrit dans cette perspective de prise en compte de la diversité. L'état des lieux de la cartographie sociodémographique du Cameroun nous renseigne que les femmes représentent environ 57% de la population générale (Bucreb, 2005). Dans le système scolaire et universitaire, elles représentent 62% (INS, 2014). Leur proportion dans l'administration générale, serait de l'ordre de 35%. Selon l'audit réalisé dans le cadre du programme d'amélioration de la représentativité des femmes dans la vie publique et politique au Cameroun à l'horizon 2018, il ressort que dans l'exécutif, la proportion des femmes à des postes ministériels s'établit désormais à 17,2 %, contre 16,1% en 2008. La gouvernance et le pilotage des 2/3 d'établissements d'enseignement secondaire dans les chefs-lieux des régions par la gente féminine, témoignent-ils désormais de cette volonté d'intégrer considérablement l'approche genre dans le management des institutions publiques éducatives ou seraient tout simplement liés à leur style de direction, de leadership et/ ou le fruit d'un cheminement ou d'une construction sociale ?

Cette forte proportion pourrait s'expliquer par leur aptitude à produire des résultats satisfaisants, ce qui pourrait amener à s'interroger sur leur style de direction.

I. PRINCIPES

Le paradigme du genre

Le concept de genre, issu de l'anglais « Gender », est un concept sociologique désignant les « rapports sociaux de sexe ». Cette notion prend spécifiquement en compte l'analyse des statuts, des rôles sociaux, des relations entre hommes et femmes. En faisant une transposition dans l'administration publique, il a pour finalité la considération de l'égalité entre hommes et femmes, tout en prenant particulièrement en compte les différences et la hiérarchisation sociales.

Le paradigme du genre se situe dans un contexte où les hommes et les femmes entretiennent des rapports inégalitaires, précisément caractérisés par la discrimination des femmes, sur la base du respect de l'ordre naturel. L'égalité entre les hommes, fondée sur l'argument des droits naturels, et l'inégalité entre les sexes, cause de l'exclusion des femmes, apparaissent comme étant l'émanation de la pensée naturaliste, qui présente dans un même courant des arguments faisant état de l'unité du genre humain et de l'irréductible différence entre les sexes, qui fait désormais de la question du genre une problématique d'ordre mondial.

Dans un contexte camerounais où est mis en exergue le débat sur le statut et le rôle des femmes, cette contribution se donne aussi des raisons d'inciter précisément au débat de l'égalité professionnelle entre les hommes et les femmes. Accordant un intérêt particulier à cet aspect, Laufer (2006, p.323), définit l'égalité professionnelle comme « l'ensemble des normes juridiques, politiques et des actions visant à instaurer une très grande égalité entre hommes et femmes dans la sphère professionnelle ». Dans l'optique d'aborder la question de la performance des femmes dans la direction des établissements d'enseignement secondaire, il apparaît logique de l'appréhender spécifiquement à partir de la théorie du leadership.

Théorie du leadership féminin

Le leadership fait référence à l'ensemble des processus d'influences mutuelles pouvant s'exercer entre les différents membres d'un groupe et son leader ; processus qui contribue à leur performance, leur motivation et leur satisfaction. Cette définition du leadership met en exergue celle du leader qui se rapporte à la personne qui influence le plus les membres d'un groupe dans un contexte d'interactions.

Burns (1978) apparaît comme l'un des fondateurs de cette théorie. Dans son développement, il fait allusion au leadership transformationnel, il fait aussi superficiellement référence à un autre type de leadership à savoir le leadership transactionnel. Selon lui, l'approche transformationnelle crée des modifications importantes dans la vie des personnes et des organisations. Elle remodèle les perceptions, les attentes et les aspirations du leader. Le leadership transformationnel se définit comme une approche de leadership qui provoque le changement chez les individus et l'organisation. Dans sa forme idéale, il crée un changement utile et positif chez les collaborateurs du leader avec pour objectif final de développer leurs performances à travers une variété de mécanismes. Ici, le leader cherche à connaître les faiblesses et les potentialités de ses disciples afin de leur administrer des tâches qui optimiseront leurs performances. Contrairement à elle, l'approche transactionnelle repose sur les traits de la personnalité et la capacité de provoquer un changement.

Bernard M. Bass (1985), un autre chercheur a prolongé les travaux de Burns (1978) en expliquant, sur le plan psychologique, les mécanismes qui sous-tendent le leadership transformationnel et le leadership transactionnel. Il montre comment le leadership transformationnel pourrait être mesuré ainsi que son impact sur la motivation et la performance. Les collaborateurs d'un tel leader éprouvent généralement de la confiance, de l'admiration, de la loyauté et du respect pour leur leader. À ce niveau, il faut souligner que les résultats de l'organisation se produisent parce que le leader transformationnel offre à ses collaborateurs quelque chose de plus qu'un simple travail pour le gain de soi. Il transforme et motive ses adeptes à travers son charisme, la stimulation intellectuelle et son expérience. En plus, il les encourage à trouver des moyens nouveaux et uniques pour contester le statut quo. Contrairement à Burns, Bass a suggéré que la direction peut conjuguer simultanément le leadership transformationnel et le leadership transactionnel. Car, sur plus de trente années de recherche, un certain nombre d'analyses ont montré que le leadership transactionnel et transformationnel prédisent positivement une grande variété de résultats de performance, que ce soit du point de vue individuel, du groupe ou de l'organisation. Ces deux styles de leadership s'avèrent pertinents pour analyser la relation qui existerait entre le genre et le leadership.

Les effets du genre sur le leadership

Plusieurs courants ont traité de la question de l'effet du genre sur le leadership. On peut les classer en deux groupes. Le premier courant pouvant être considéré comme celui des « similitudes » qui établit le postulat selon lequel le genre n'exerce pas concrètement une influence sur l'action managériale du leader.

Au terme d'une étude menée au cours des années 1980 (Bartol et Martin, 1998), il en ressort que le style de leadership ne dépend pas du paramètre genre. Les similitudes pouvant être constatées dans le comportement des hommes et des femmes exerçant les mêmes rôles, dépendent du type de leadership exercé.

Pour Cornet et Ronnivert (2008), les similitudes de comportement entre les femmes et les hommes permettent de réfuter l'idée selon laquelle il y a de la différence liée au genre sur le style de management. Ainsi, pour de nombreux chercheurs, les similitudes des comportements entre les femmes et les hommes émanent du fait que les femmes, dans des situations particulières liées à leur environnement de travail, ont adopté les styles masculins au détriment de ceux liés à leur nature féminine.

Le deuxième courant quant à lui, « celui de la divergence », établit le postulat selon lequel les hommes et les femmes sont différents, surtout pour des raisons culturelles, et que les femmes possèdent aussi des « styles de management différents". Ces différences s'expliquent par des fonctions sociales et non par la prédisposition biologique (A. Cherret et de la Boissiere, 2009).

II. METHODOLOGIE

Les Rapports d'analyses tirés de l'Annuaire statistiques 2010-2016 du MINESEC présente de manière globale la répartition des chefs d'établissements secondaires dans toutes les régions du Cameroun. Il ressort donc de cette distribution des chefs d'établissements par sexe que sur 1910 chefs d'établissements de l'enseignement secondaire général au Cameroun en 2013, seuls 146 établissements sont dirigés par les femmes contre 1764 hommes, soit un pourcentage de 7.64%. Les régions les plus représentées sont les régions du Littoral (13.69%), du Centre (29.45%). La région de l'Est avec 1,3% a la plus faible proportion des femmes chefs d'établissements. Or la représentation des femmes dans le même statut dans les chefs-lieux de région crée le paradoxe avec parfois des pondérations dépassant les 50% dans la région du centre.

La population mère est constituée de 67 chefs d'établissements de sexe féminin dans l'enseignement secondaire général des 10 régions du Cameroun. Le choix de notre unité statistique concerne uniquement 33 femmes chefs d'établissements d'enseignement secondaire dans les villes de Yaoundé, Douala et Buea.

Les données recueillies pour cet article sont de types secondaires issues des recherches bibliographiques ayant un lien avec la problématique. L'approche genre et le leadership féminin font l'objet de plusieurs études depuis une décennie. Une analyse bibliographique approfondie des études récentes effectuées sur ces thématiques et une exploitation des quatre derniers annuaires statistiques du Ministère de l'Education Secondaire (MINESEC) ont constitué le socle documentaire de notre recherche. Les données recueillies par la cellule statistique dudit ministère ont été aussi analysées

L'on s'est appuyé au total sur l'étude documentaire et l'analyse des contenus des documents mobilisés,fondée sur l'approche descriptive et qualitative. Ce qui nous a permis d'avoir une compréhension poussée des données factuelles et documentaires de la situation dans notre contexte. Aussi, nous avons convoqué la méthode explicative qui permet de rendre lisible la tendance de la responsabilité féminine dans les grandes villes camerounaises, tendance qui encadre notre problématique.

III. RESULTATS

Le Cameroun essaie de pallier au problème de la parité dans son système éducatif. Ainsi, si l'on se réfère aux données statistiques pour le compte des années 2010-2016, on constate que tous les genres tentent d'être représentés, que l'on se trouve dans le système éducatif francophone ou anglophone. Par conséquent, sur un total de 5713 enseignants dans les établissements d'enseignement secondaire général publics du centre, le département du Mfoundi qui abrite la capitale politique du Cameroun, on a non seulement le plus grand effectif féminin à savoir 1472 femmes, mais aussi le plus grand nombre de proviseurs femmes soit 18 contre 10 hommes.

Les données statistiques du MINESEC pour le compte de l'année 2010-2014 présentent les résultats portant sur l'effectif des enseignants de l'enseignement général suivants :

Tableau 1 : Évolution de l'effectif des enseignants de l'enseignement secondaire général du secteur public par région au Cameroun

Régions		AD	CE	ES	EN	LT	NO	NW	OU	SU	SW	Total
2010/ 2011	H/M	775	2944	721	2096	2284	1280	2161	3674	1195	1835	18961
	F/W	224	1609	206	273	1400	229	1445	1280	294	815	**7775**
2011/ 2012	H/M	1013	4893	1815	2346	2738	1545	2870	4287	1403	2184	24094
	F/W	341	4424	417	458	1975	288	2073	1855	534	1284	**13649**
2012/ 2013	H/M	1241	5342	1196	3016	2799	1694	3349	4293	1582	2353	26865
	F/W	383	5010	432	693	2047	369	2320	1926	705	1550	**15435**
2013/ 2014	H/M	1238	5768	1165	3323	2985	1811	3296	4552	1726	2407	28271
	F/W	417	4248	420	729	2080	409	2324	2014	709	1620	**15970**

Le tableau 1 révèle qu'il existe de façon générale une augmentation significative de la présence féminine dans l'enseignement secondaire général. Ainsi de 2010 à 2014, le nombre de femmes est passé de 7775 à 15970 individus ; soit une augmentation de 8195 femmes. Cette augmentation ramenée par année nous permet de constater que de 2011 à 2012, il y a eu une augmentation de 5874 femmes ; de 2012 à 2013, il y a eu une augmentation de 1786 femmes, et de 2013 à 2014, on assiste à une augmentation de 535 femmes, soit une augmentation moyenne de 2732 femmes enseignantes par an. Ceci dénote d'une réelle volonté politique du gouvernement de faire de la femme un acteur principal dans le secteur de l'éducation.

La croissance du nombre de femmes par région nous amène à observer que les régions de l'Adamaoua, de l'Est, de l'Extrême nord, du Nord, du Sud ne regorgent pas d'une très forte proportion de femmes enseignantes. Par contre, les régions du centre, du littoral, du Sud-ouest, de l'ouest et du Nord-ouest présentent des proportions significatives en termes de représentativité des femmes. Cette forte proportion d'enseignantes témoigne de la volonté du Cameroun à prendre en compte la diversité de genre dans sa marche vers son émergence, et explique d'une part leur forte représentativité dans les chefs-lieux des régions quantitativement plus dense en effectifs d'établissements.

Ensuite le tableau 2 suivant, nous donne d'appréhender l'évolution de la représentativité des enseignants par genre et par statut dans l'enseignement secondaire général.

Tableau 2 : Évolution des enseignants de l'enseignement secondaire général dans le secteur public selon le statut et le genre au Cameroun

Statut	**2010/2011**		**2011/20012**		**2012/2013**		**2013/2014**	
	H/M	**F/W**	H/M	**F/W**	H/M	**F/W**	H/M	**F/W**
Professeurs de Lycée	5740	3430	7445	5493	7769	6013	7881	6086
Professeurs de Collège	3564	1569	5273	3913	7578	5155	8167	5475

Au regard des données du tableau 2, on se rend compte qu'il y a une réelle évolution des femmes dans les établissements secondaires publics. Par contre, celui des hommes a augmenté de 2141 ; soit un écart de 515 enseignants en faveur des femmes.

Pour ce qui concerne les professeurs de collège, l'évolution des femmes reste davantage une réalité dans la mesure où en l'espace de quatre ans, c'est-à-dire de 2010 à 2014, leur nombre est passé de 1569 à 5475, soit une augmentation de 3906 individus. Les hommes quant à eux sont passés de 3564 à 8167, soit une augmentation de 4603 individus ; ceci peut s'expliquer par l'adéquation nombre des collèges d'enseignement secondaire et villes d'implantation généralement dans « l'arrière-pays » qui offre des structures d'accueil très peu adaptées aux femmes.

Face à cette réalité, on peut effectivement souligner que la forte prise en compte de la gente féminine dans l'enseignement secondaire au fil des années, révèle la détermination du gouvernement à faire de l'approche genre une réalité, dans la recherche de l'équité.

Tableau 3 : Distribution par genre des chefs d'établissements de l'enseignement secondaire général public dans les chefs-lieux de région au Cameroun 2015-2016

VILLES	*FEMMES*	*HOMMES*	*TOTAL*	*% FEMMES*	*%HOMMES*
Bafoussam	3	13	16	18.7%	81.2%
Bamenda	3	10	13	18.7%	76.%
Bertoua	1	7	8	12.5	87.5%
Buea	6	7	13	46.1%	53.8%
Douala	14	15	29	48.2%	51.7%
Ebolowa	2	14	16	12.5%	87.5%
Garoua	4	11	15	26.6	73.3%
Maroua	4	15	19	21.%	78.9%
Ngaoundéré	2	10	12	16.6	83.3%
Yaoundé	18	10	28	64.2%	35.7
TOTAL	57	112	169	33 .7% 63.3%	

En observant les données du tableau 3, on se rend à l'évidence que la représentativité des femmes varie d'un chef-lieu de région à un autre. Les villes de Bafoussam, Bamenda, Bertoua, Ebolowa, Garoua, Maroua, Ngaoundéré, se caractérisent par une faible représentativité des femmes par rapport aux hommes. La configuration socioculturelle de ces régions à l'exception de Bertoua et d'Ebolowa, présente l'organisation d'un système politico-traditionnel très centralisé. Cette photographie témoigne de l'influence d'un certain nombre de stéréotypes encore présents au sujet des femmes, particulièrement sur leur possibilité à exercer le pouvoir. Ces considérations culturelles qui stigmatisent les femmes et qui font d'elles des personnes de deuxième sexe, se révèlent être en marge des discours d'émancipation de la gente féminine.

Par contre, la forte représentativité des femmes dans les villes de Buea, Douala et Yaoundé pourrait s'expliquer par le fait que leurs configurations sociologiques font d'elles des villes cosmopolites. Par conséquent, le brassage culturel et l'ouverture à des idées nouvelles les prédisposent à être favorables à la prise en compte de l'approche genre dans la gouvernance scolaire. Une autre cause de cette représentativité est que ces villes sont des lieux stratégiques, de fortes attractions et de fortes activités diverses. Face à cette réalité, les regroupements familiaux sont récurrents, ce qui conduit les femmes à solliciter des affectations, afin de rejoindre leur mari qui occupe généralement des hautes fonctions dans les administrations publiques ou privées.

Sur un plan politique, L'Etat s'inscrit avec le temps dans le prolongement des principes relatifs à la promotion de l'équité entre les sexes et de l'amélioration de la qualité et de la gouvernance éducative en offrant de plus en plus aux femmes la possibilité d'exercer dans les hautes sphères de l'administration scolaire et plus globalement de l'administration de l'éducation. Dans la même lancée, dans le souci de s'arrimer aux objectifs du millénaire pour le développement, l'Etat cherche à concrétiser son action-développement dans tous les secteurs d'activité en l'occurrence dans le secteur de l'éducation où de nets efforts sont perçus.

Sur un plan de la pratique managériale peut-on estimer que la gestion des établissements secondaires publics par ces femmes serait un atout ou un frein à la qualité de la gouvernance éducative ? Répondre à cette question nous amènerait à faire une étude comparative entre les différents modes de gestion de ces dames chefs d'établissement avec leurs homologues de sexe masculin. Cependant nous pouvons d'ores et déjà d'après les théories du style de direction et de leadership prétendre que le management a ses principes qui lui sont propres quel que soit le genre. Toutefois, ces principes en considérant la théorie de la contingence, prennent en compte les facteurs de leadership pour approprier le style de gestion au contexte, à une situation donnée et pourquoi pas à la personne qui en a l'exercice.

Au regard des résultats de plusieurs études réalisées sur le style de leadership, il en ressort deux catégories de leaders. D'une part, celui dont le style est caractérisé par l'ouverture, c'est-à-dire ayant de la préférence pour des relations interpersonnelles (style démocratique, participatif), et d'autre part celui dont le style est dirigé vers la tâche : ici, c'est uniquement le leader qui prend les décisions (Lewin et Lippitt, 1998).

En 2003, une étude a montré que 52% de femmes, avaient tendance à recourir à un style de leadership transformationnel (démarche qui privilégie l'engagement mutuelle du leader et du subordonné considéré comme « collaborateur ». La préoccupation du leader est de rechercher l'adhésion commune aux objectifs. Contrairement aux femmes, 47% d'hommes adoptaient particulièrement le mode transactionnel. Ce style de management fait recours à une hiérarchie forte qui présente des responsabilités claires des uns et des autres, y compris les sanctions en cas d'objectifs non atteints.

D'autres études de comportements des femmes montrent qu'elles ont tendance à adopter conjointement le style transactionnel et le style transformationnel, afin de faire face à de multiples contraintes. Cette compréhension théorique fonde d'autre part la motivation de l'État à se prononcer fortement en faveur de la responsabilisation des femmes comme chefs d'établissements de par leurs statuts et leurs caractéristiques à piloter les établissements urbains cosmopolites, pluriculturels et sensibles.

IV. DISCUSSION

Au niveau de la conception et de la perception de la terminologie, le terme management au féminin est un brun discriminatoire. Ainsi, parler d'un management typiquement féminin donne à ce terme un caractère purement sexiste. En effet, si l'on paraphrase Simone de Beauvoir : « on ne naît pas manager, on le devient », cela sous-entend dans notre contexte d'étude que tout manager ne l'est pas dans son essence même. Il lui ait donc offert la possibilité au cours de sa vie de le devenir en s'appropriant les caractéristiques qui l'amènent à l'être, bien qu'en chacun de nous résident d'abord des caractéristiques propres influencées par notre appartenance à un genre précis. La femme manager tout comme l'homme pourra donc par rapport au vécu et aux situations contextuelles, emprunter certains caractères dits du genre opposé pour ajuster le style de management.

Dans un second temps, il serait judicieux de montrer les limites de l'ascension et du leadership des femmes au poste de chef d'établissement. Les limites non exhaustives sont les suivantes :

- **le poids des stéréotypes**

La sous-représentation des femmes aux postes de pouvoir pourrait s'expliquer par le fait des stéréotypes qui lui sont assignés. En effet, de par sa « nature »relativement passive, la femme a tendance à développer certains attributs tels que la compassion, la générosité, le sentimentalisme, la tendresse, l'intuition, la spontanéité, la minutie, l'émotivité, la coopération. Elle développe donc un comportement dit « communautaire ». A contrario, les hommes développent plutôt une « nature » active mettant en avant les caractéristiques suivantes : force, combativité, esprit dirigeant, domination, agressivité, ambition, indépendance, confiance en soi. Les stéréotypes qui entourent les femmes sont à première vue des freins à leur ascension professionnelle du fait qu'ils corroborent pour certains à une incompatibilité des attributs féminins avec l'exercice du leadership, mais se transforment très rapidement en atouts dans le contexte des grandes villes qui demandent une prise en compte de la forte démographie des établissements et de la responsabilité sociale et régalienne de l'Etat à travers ses établissements ;

- **la stigmatisation de l'identité de la femme africaine**

Selon Foures (2010), l'identité féminine repose sur un processus de conditionnement dans le sens de la soumission d'une société judéo-chrétienne. C'est dire que la femme était présentée comme un modèle de soumission, douceur, désir de plaire, sacrifice de soi, obéissance, culpabilité. Aujourd'hui encore, les femmes sont sujettes à des stigmatisations d'ordre social et culturel qui les obligent à adopter un certain type de comportement non seulement en société mais aussi dans le monde professionnel. La femme africaine et particulièrement la femme camerounaise doit assumer son statut de femme en prenant la place qui lui est réservée dans la société et maintenir ses attitudes et comportements même si cela ne cadre pas avec les attitudes du manager et l'image du leader qu'elle est. Faire resurgir en excès le comportement mâle serait très mal perçu par l'entourage. Ces présomptions sont encore plus perçues dans certaines zones du pays par exemple au nord Cameroun où la femme subit encore ce repli identitaire. Cela s'observe plus à la base, compte tenu du fait que dans cette partie du pays le taux de scolarisation de la jeune fille et le taux de responsabilité des femmes sont très bas du fait des pratiques discriminatoires à leur égard. Il serait temps que la femme africaine et particulièrement la femme manager se sépare totalement de cette étiquette identitaire qui limite le pouvoir d'action du manager qui est en elle ;

- **la femme entre son statut d'épouse et de mère**

La femme est partagée entre son rôle d'épouse et de mère. Il faut relever que dans le contexte du marital, les actions de la femme sont influencées par la volonté ou le bon vouloir du mari. Le mari a donc un pouvoir décisionnaire sur la femme. Aussi, la mobilité de la femme dans l'administration est un problème si l'on prend en compte le regroupement familial. Le travail de la femme chef d'établissement, qui, dans ce contexte représente une autorité dans la zone géographique, peut lui profiter ou être un facteur de perturbation si elle se retrouve dans une situation de mobilité permanente. De plus en tant que mère, certaines études ont montré que les femmes de moins de 30 ans sont sujettes à problème. Leur éligibilité au poste de responsabilité serait risquée du fait de leur maternité régulière les rendant ainsi indisponibles pour assurer certaines fonctions.

CONCLUSION

Dans notre recherche, il était question d'expliquer la forte représentativité des femmes chef d'établissement dans l'enseignement secondaire public des chefs de régions au Cameroun. Le pourcentage estimé dans ces villes pourrait-il se justifier par un leadership et un style de direction particuliers ? Nous avons tenté de répondre à cette question et sommes arrivés au résultat selon lequel la proportion des femmes chef d'établissement dans les chefs-lieux des régions au Cameroun est la conjugaison à la fois d'une volonté politique mais également de leur style de direction et des caractéristiques de leadership qui les gouvernent. Enfin en présentant les limites, il ressort que la présence des femmes aux postes de responsabilité peut être freinée par des considérations culturelles, ethniques et sociales. L'étude de cette question nous a permis d'opter pour le courant de pensée qui ne propose pas un management typiquement et exclusivement féminin mais opte plutôt pour le principe de mixité du management. Il convient cependant de souligner les limites de cette étude que les recherches ultérieures devraient tenter de dépasser. Parmi ces limites nous pouvons citer l'échantillon volontaire, représenté par les trois plus grandes villes du Cameroun à savoir Yaoundé, Douala et Buea, ayant une population particulière. Le recours à une approche explicative fondée sur l'analyse des contenus ne nous a pas permis de faire une exploration et une analyse sur leurs parcours, leurs situations matrimoniales et le statut de leurs conjoints, leurs anciennetés, etc. qui auraient complété la discussion.

REFERENCES BIBLIOGRAPHIQUES

Ouvrages

Bass B., 1985 Leadership and Performance beyond expectations, New York, Free Press, in Harmand, Le Management au Féminin : les femmes et le leadership, Business Administration, P. 11

Burns J.M., 1978 Leadership, Harper et Row in Harmand N., Le Management au Féminin: les femmes et le leadership; Business Administration, 2013, p. 4

Cornet et Bonnivert, 2013 Leadership et Genre, in Harmand, Le Management au Féminin : les femmes et le leadership, Business Administration, , P.9

Kalubi A.N., *2014 Vision et Leadership d'Ignace de Loyola, Pour une Education de Qualité, Ed. Harmattan, p.* 139

Roserner. J.B, 1990 Way Women Lead, Harvard Business Review, in Harmand, 2013 Le Management au Féminin : les femmes et le leadership, Business Administration, , P. 11

Articles

Artaud A., 2004, « textes et lettres écrits à rodez en 1946 » in œuvres, Paris, Gallimard, « Quarto » P. 1051-1073 ;

Diekman, A.B. et Eagly, A.H., 2000 Personnalité et Psychologie sociale, Bulletin,

Femmes et Hommes au Cameroun en 2012, 2012 Une analyse situationnelle de progrès en matière de genre,

Foures E. , 2010, Leadership au Féminin, Progressor

Frasier A., 2004, The Warrior Queens : The legends and the lives of women who have led their Nations in war, Nex York : Anchor

Malbois F., 2002, Les paradigmes de l'égalité/différence et du sexe/genre. Ou les deux réponses du féminisme occidental à l'énigme de la « différence des sexes », Nouvelles Questions Féministes /1 (Vol. 21), p. 81-97.

Moisset J-J et Toussaint P.,2007, La gestion des ressources humaines pour la réussite scolaire. Québec : Presse de l'univesité du Québec p. 274

Pritchard, 2014, Leadeship Efficace. Teambuilding . Hull Québec : Agence canadienne de développement international

Tchouassi G., 2000 « Femmes entrepreneurs au Cameroun : une analyse à partir de leurs récits de vie » , Revue congolaise de Gestion, numéro double n°2 et 3p. 63-77

- **Documents officiels**
Carte Scolaire DRES-CE Statistical Year Book 2014-2015
Cameroun, Examen National 2015 pour l'Education pour tous 82 pages
Code civil du Cameroun
Le nouveau document d'orientation stratégique genre du ministère du Développement, juillet 2013
Rapport d'analyse 2013-2014
Référentiel pour les formatrices et formateurs en Genre et développement, Le Monde selon les femmes, Genre en Action, Adéquations, Aster-International, 2010
Répertoire des dames chefs d'établissement des chef lieux des régions, Année scolaire 2015-2016 ;
Cameroun, Examen National 2015 de l'Education pour tous

L'ÉCRITURE THÉÂTRALE ET LA CONSTRUCTION DE L'IMAGE DE LA FEMME AU CAMEROUN : ÉTUDE ET ANALYSE DE LA PIÈCE « LE SIDA NE PASSE PAS » DE DANIEL NDO, DRAMATURGE DU THÉÂTRE POPULAIRE FRANCOPHONE AU CAMEROUN

Par Marie-Thérèse AMBASSA BETOKO (École normale supérieure de Yaoundé – Cameroun, Département de Français, E-mail : ambasbis@yahoo.fr)

RÉSUMÉ

La femme souvent le miroir de la société, a des rôles qui varient selon que la société est rurale ou urbaine. Dans la société antique par exemple, elle était considérée comme une héroïne qui, pour l'avoir, il fallait passer plusieurs obstacles. Dans la société traditionnelle africaine, la femme est considérée comme un objet car, il faut la doter (acheter) au bénéfice de sa famille d'origine, rôle qui couvre souvent celui de responsable de la famille car, c'est elle qui vient en aide au mari, et c'est avec le fruit de son travail que le couple survient souvent aux besoins de toute la famille. Le théâtre populaire francophone camerounais, comment présente-t-il la femme ? Anne Ubersfeld dans son ouvrage *Lire le théâtre 1* nous aide à comprendre le message des auteurs de ce théâtre lorsqu'elle déclare :

> *Le théâtre on le sait depuis longtemps, apporte la possibilité de dire ce qui n'est pas conforme au code culturel ou à la logique sociale : ce qui est impensable logiquement, moralement, socialement scandaleux, ce qui devrait être récupéré selon des procédures strictes est dans le théâtre à l'état de liberté...*[1].

[1]Ubersfeld, Anne, *Lire le théâtre 1*, Belon Sup. Lettres, Paris, 1996, p. 41.

Mots-clés : la femme – la société – l'antiquité – le modernisme – un objet – la dot – la famille – le théâtre populaire.

ABSTRACT

Always considered as the mirror of society, the woman plays significant roles be it in rural or urban society. For instance, in the Antiquity she was taken as a heroin, to be acquainted to her, one should cross a certain number of obstacles. In African traditional society, the woman is portrayed as an object, a dowry should be paid to her whole family. Afterwards, she is taken as the family's head because she is the one that helps her husband and it is with the power of her elbows that the couple gives a hand to the entire family.Thus, how does Cameroon Francophone popular drama depicts the woman? In her book entitled *Lire le théâtre 1*, Anne Ubersfeld gives a clear understanding of authors' message of such a drama when she states that:

> We know that dramatic representation for a long time has that peculiarity to say what is not accepted by cultural code or to some extent social logics : what is unbelievable logically, morally, socially scandalour; what should be taken back according to strict procedures is found in drama liberty state…

Key words: woman – society – The Antiquity – modernism – object – dowry – family – popular drama.

INTRODUCTION

La pièce « Le SIDA ne passe pas »[2] se situe dans la période où Daniel Ndo s'inspire de la pandémie qui vient de faire irruption dans les préoccupations des Camerounais comme maladie mortelle. Daniel Ndo est né le 25 mai 1947 à Ngomedzap dans le département du Nyong et So'o, région du Centre du Cameroun. Conseiller principal de jeunesse et d'animation, il a fait ses premiers pas très tôt dans le théâtre. L'expérience de ses premiers essais l'a conduit au-delà des frontières nationales. Sa carrière commence véritablement en 1969 lorsqu'il remporte le prix du meilleur acteur au premier festival d'art dramatique en décembre 1969. Il a alors créé son personnage principal appelé « L'Oncle Otsama ». Il confirmera son titre de grand acteur, auteur, compositeur par l'ouverture par lui-même d'une école de théâtre à Yaoundé, capitale du Cameroun en 1977. Nous avons choisi son sketch « Le SIDA ne passe pas » pour étudier la spécificité de l'écriture théâtrale et la construction de l'image de la femme. Publié en 1999, ce sketch met en scène les personnages suivants : un médecin, un paysan (l'Oncle Otsama) et sa nièce Aloumba « la malade ». Comment cette jeune fille est-elle présentée dans ce théâtre ? Quel est l'objectif de l'auteur de ce sketch ? Enfin, qu'est-ce qu'apporte l'écriture théâtrale à la représentation de la femme, à son évolution ?

1. ÉTUDE ET ANALYSE DU SKETCH « LE SIDA NE PASSE PAS » DE DANIEL NDO

« Le SIDA ne passe pas » est une pièce qui met en scène une jeune fille malade du Sida qu'on a conduite chez un médecin. L'oncle de la fille apprenant la maladie de sa nièce, a manifesté son étonnement et son indignation. Quant au médecin, il demande ouvertement à la malade de nommer ses partenaires sexuels. Aloumba qui ne souhaite pas que tout le

[2] Ndo, Daniel, *Le SIDA ne passe pas*, sketch publié en 1999. Texte oral, écouté et transcrit par AMBASSA Marie-Thérèse en 2003.

monde sache qu'elle est atteinte de cette maladie, est traumatisée. Le spectateur découvre l'indiscrétion de la société camerounaise. Néanmoins, Aloumba cite quelques noms, ses partenaires sont : le député, le sous-préfet entre autres. C'est également l'occasion pour l'oncle d'Aloumba de découvrir qu'un député peut être atteint du Sida, mais Aloumba a d'autres partenaires qu'il vaut mieux citer sans crainte dans un langage bien à elle :

> *Et j'en avais, ah Docteur ! J'en ai même et des amants. De temps en temps, je coupais le job avec de petits tchotchoros..., le gros job, c'était avec monsieur le maire en personne. Surtout le weekend et parfois des los des ponts ponts où il aimait souvent me faire le pont*[3].

La rencontre d'Aloumba, le médecin et l'oncle d'Aloumba donne l'occasion au spectateur de découvrir plusieurs langues françaises. Chacun parle le français selon son confort intellectuel.

Ici, nous sommes en pleine francophonie avec ces divers français d'Afrique mélangés à des expressions empruntées aux langues locales et à l'anglais. La précédente déclaration d'Aloumba met en colère l'Oncle Otsama qui lance cette interjection : « Ouh-guéguélèèh ! C'est une autre Aloumba que je suis en train de découvrir ! » Cette interjection vient de sa culture beti et symbolise le degré de surprise et de déception suscité par les circonstances du moment.

2. QUELLE IMAGE DE LA FEMME NOUS LIVRE LA PIÈCE DE DANIEL NDO ?

Aloumba, se présente aux yeux du spectateur comme une jeune fille inoffensive, accablée par son oncle et le médecin. De mœurs légères, elle cède à tous les hommes qui la

---

[3] Idem.

sollicitent. Conséquence, elle tombe malade et devient vectrice de la pandémie mortelle le SIDA. Cette dernière manifeste une innocence liée à sa jeunesse et à son niveau d'éducation qui font qu'elle parle d'une maladie aussi grave que le Sida avec désinvolture. L'oncle de cette dernière s'exclame :

> *Euh ! Euh ! Donc tu fais même exprès oh ! C'est une distribution organisée de Sida. Alomba, yéwabeuleule, Aloumba ? Tu sais très bien que tu as le Sida et tu le distribues aux autres, comme ça pour ne pas mourir seule ?*[4].

Aloumba manifeste son ignorance de la loi. Le médecin le lui rappelle. Elle sait qu'elle est malade et elle va d'homme en homme sans remords et lorsqu'on lui fait prendre conscience de son état de santé, elle répond : « Et alors, on m'a donné le Sida non ! Moi aussi je le donne aux autres avant de mourir ».

Et c'est le lieu de citer Anne Ubersfeld lorsqu'elle dit :

> *[...] La parole du personnage – parole derrière laquelle il n'y a aucune « personne », aucun sujet – contraint, par ce vide même, par l'aspiration qu'il crée, le spectateur à y investir sa propre parole*[5].

Un code culturel et social est aussi nécessaire dans ce contexte pour le lecteur de ce théâtre. Aloumba ignore l'importance du préservatif lors des rapports sexuels et même que, l'on peut vivre avec le Sida si l'on respecte une certaine hygiène de vie.

---

[4] Ibid., « Le Sida ne passe pas », 1999.
[5] Ubersfled, Anne, *Lire le théâtre*, Paris, Editions sociales, 1977, p. 151.

Toutefois, son audace et son courage tendent à lui conférer une image de sorcière, de vampire. Elle incarne à sa manière la fatalité. La faim vorace d'Aloumba d'avoir des rapports sexuels avec tant de partenaires la démarque de la norme. Alors jaillit l'archétype de la sexualité, l'archétype de la chair représentant un vecteur indispensable à la construction identitaire. Ce sous-préfet dont il est question dans cette pièce « Le Sida ne passe pas » de Daniel Ndo, même loin de chez lui, refuse de passer la nuit seul. Il se trouve ainsi en compagnie d'une femme fatale, Aloumba, pour « lui chasser les moustiques pendant qu'il dort ». Le désir de cette jeune fille étant de séduire tous ses partenaires, bien évidemment. De Labout au député, en passant par le sous-préfet et les petits « tchotchoros » c'est-à-dire tous ces jeunes qui traînent dans les quartiers sans une assise sociale quelconque. La question que l'on peut donc se poser est la suivante : Aloumba est-elle le modèle de femme dont a besoin la société camerounaise ? Les deux autres protagonistes de ce sketch, le médecin et l'Oncle Otsama ont, pour le premier, la tâche et le devoir d'informer et d'instruire la population camerounaise en général sur la pandémie du Sida puis, les jeunes filles et les femmes qui sont la couche la plus vulnérable en particulier et le deuxième a pour tâche, de poser des questions pour s'informer sur cette redoutable maladie et d'élargir la sensibilisation.

3. LA CONSTRUCTION DE L'IMAGE DE LA FEMME

L'écriture théâtrale a généralement pour but de faire la satire de la société dans le but de corriger les maux qui la minent. Ce nouveau théâtre d'idées est étroitement lié à l'évolution de la société camerounaise et c'est ainsi que « Le Sida ne passe pas », sketch de Daniel Ndo, dénonce le vagabondage sexuel, cette activité favorable à la propagation du Sida. Le Sida est une maladie dont les campagnes défraient la chronique mais le taux d'infection est chaque jour croissant. Le médicament a même déjà été rendu accessible à toutes les couches de la population.

Aloumba, telle que présentée dans ce théâtre, n'est pas le modèle de la femme camerounaise souhaitée. Bien que Jean-Claude Barbier soutienne que :

> *Les femmes camerounaises sont et restent diverses [...]. Contrairement à l'attente des hommes et en dépit de toutes les précautions qu'ils prirent, les femmes ne sont pas restées « tranquilles »*[6].

Or, Jean Vilar dans son ouvrage intitulé *De la tradition théâtrale* déclare que :

> *Un comédien doit pouvoir conserver dans sa mémoire visuelle un type d'homme qui a frappé son attention, comme il doit savoir conserver dans sa mémoire sympathique (ou sensible) les blessures reçues, les souffrances morales subies. Il doit savoir faire usage de cette mémoire et mieux l'entretenir*[7].

C'est pourquoi, l'image de la femme camerounaise présentée dans ce théâtre populaire francophone au Cameroun en général et dans la pièce de Daniel Ndo « Le Sida ne passe pas » en particulier n'est pas celle que le dramaturge veut conserver mais plutôt, celle qu'il souhaite voir changer. Et ce souhait est celui de tous les Camerounais de bonne moralité. Comme le dit Charles Mauron, la satire

---

[6] Barbier, Jean-Claude, *Femmes du Cameroun, mères pacifiques, femmes rebelles*, Paris, ORSTOM-Karthala, 1985, pp. 14 et 17.
[7] Vilar, Jean, *De la tradition théâtrale*, Saint-Armand (Cher), Presses de l'imprimerie Bussières, 1963.

suppose une agressivité de l'auteur contre son objet. La fantaisie de triomphe n'est plus seulement projetée en guise de jeu, mais elle évoque la réalité quotidienne : elle s'ouvre à ses conflits actuels et conscients.

Grâce à ce théâtre populaire francophone, beaucoup de comportements sont en train de changer au Cameroun et la femme est valorisée dans toutes les couches de la société : aux plans politique, économique et social. Ainsi, loin d'être uniquement une porteuse de maladies sexuellement transmissibles, la femme est celle qui éduque, forme et participe à la promotion du bien-être de la famille voire de la société toute entière. De plus en plus, l'État et les organismes internationaux mettent des moyens pour l'éducation de la jeune fille. On peut citer quelques exemples de femmes promues et qui font honneur à la femme en général : Mesdames :

- Marie-Thérèse Abena Ondoua (Ministre de la promotion de la femme et de la famille),
- Youssouf Adjidja (Ministre de l'éducation de base),
- Madeleine Tchuente (Ministre de la recherche scientifique et de l'innovation),
- Minette Mendomo Libog Likeng (Ministre des postes et télécommunications) entre autres.

CONCLUSION

Le théâtre populaire francophone au Cameroun participe de la mouvance de la littérature « ressourcée ». Grâce à la spécificité de l'écriture de ce théâtre, nous participons à la satire des maux qui minent les sociétés africaines en général et celle du Cameroun en particulier : le vagabondage sexuel, les maladies sexuellement transmissibles, les comportements incontrôlés de ceux-là même qui devraient servir de modèles. L'auteur de la pièce « Le Sida ne passe pas » mène un combat légitime parce que les conséquences de ces maladies sur les familles et les sociétés sont considérables, au regard de nombreuses personnes atteintes, des familles décimées, des orphelins laissés, des problèmes posés par leur prise en charge et même des conflits résultant des interprétations liant ces maladies et la sorcellerie.

Pour mieux apprivoiser ce théâtre dont la femme est un des thèmes principaux, nous l'avons transcrit, et l'expression « écriture théâtrale » trouve sa signification dans cette pensée de Bernard Blilin Dadié, lors du premier Congrès des écrivains et artistes noirs à Paris en 1956 :

> *L'Afrique Noire, faute d'écriture, a en effet cristallisé sa sagesse dans sa littérature orale. Et chaque conteur, chaînon ininterrompu d'un long passé, essaime chaque soir la sagesse des anciens. Il l'a confiée à ceux qui veulent en profiter et au vent qui l'emportera par le monde car, la sagesse n'est pas un bien que l'on conserve pour soi seul. Et c'est se survivre que de dispenser la sagesse.*

L'intérêt principal de cette pièce, à côté de la construction de l'image de la femme, est l'utilisation ou la réappropriation de la langue française par les Camerounais. C'est le français tel qu'il est parlé par les personnages qui crée le spectacle dans le langage.

REFERENCES BIBLIOGRAPHIQUES

1) Corpus

NDO, Daniel, « Le Sida ne passe pas » (pièce enregistrée et transcrite par Ambassa Betoko), 2003.

2) Ouvrages

BARBIER, Jean-Claude, *Femme du Cameroun, mères pacifiques, femmes rebelles*, Paris, ORSTOM-Karthala, 1985, 14-17.

BLILIN, Dabié, Bernard, *Les voix dans le vent*, Yaoundé, Éditions CLÉ, 1970.

FIRARD, Gilles, OUELLET, Réal, Claude, *L'univers du théâtre*, Paris, PUF, 1978.

UBERSFELD, Anne, *Lire le théâtre*, Paris, Éditions sociales, 1977, p. 151.

VILAR, Jean, *De la tradition théâtrale*, Saint-Armand (Cher), Presses de l'imprimerie Bussières, 1963.

AXE 3 : REPRESENTATION DU FEMININ, PRATIQUES SOCIALES SEXUEES ET TRAJECTOIRES DES FEMMES

STÉRÉOTYPES CULTURELS ET PRATIQUES SEXUÉES EN ORIENTATION SCOLAIRE : LE CAS DES TRAJECTOIRES DES JEUNES FILLES BETI DU CAMEROUN.

Par Pierre François EDONGO NTEDE (Enseignant-chercheur, Chargé de Cours, Université de Yaoundé I, Département d'Anthropologie, E-mail : franoisedongo@yahoo.fr)

RÉSUMÉ

Ce travail de recherche s'intéresse aux parcours scolaires des jeunes filles camerounaises. Il poursuit un double objectif : celui de savoir si leurs destinées sont davantage structurées par le sexe que par les aptitudes ou les performances scolaires et surtout, de vérifier si les stéréotypes culturels entravent l'orientation universitaire et professionnelle. La réflexion a pour ambition de savoir si les inégalités constatées dans l'orientation professionnelle des filles beti peuvent s'assimiler à des discriminations, autrement dit, être femme serait-il le premier facteur de ségrégation. Pour cette étude qualitative réalisée entre septembre 2012 et juin 2014, nous avons l'ambition de mieux comprendre le vécu des parcours d'orientation des jeunes filles de 16/24 ans. Nous avons choisi d'interroger des élèves des lycées et des étudiantes de l'université de Yaoundé 1, pour retracer leurs parcours et analyser le processus de leur orientation.

Mots clés : Parcours scolaires, stéréotypes, construction culturelle, orientation scolaire, inégalités professionnelles, trajectoires féminines.

ABSTRACT

This research work is focused on the scholar trajectories of young Cameroonian girls. It has a double objective: that to know if their destinies are mostly structured by sex or by academic performances and most especially to verify if the cultural stereotypes direct professional and university orientation. The reflection has the ambition of knowing if the inequalities observed

in professional orientation of beti girls can be assimilated to discrimination, in other words, being woman, could it not be the first factor of segregation. For this qualitative study carried between September 2012 and June 2014, we had the goal of better understanding orientation experiences and pathways of the careers of young girls of age 16 to 24 years. We chose to interview High school girls and that of the University of Yaoundé 1, to retract their pathways and analyze the processes of their orientation.
Key Words: Educational pathways, stereotypes, cultural construction, educational orientation, professional inequalities, female trajectories.

INTRODUCTION

Grâce à la poursuite des Objectifs du Millénaire pour le Développement[8], de grands progrès ont été réalisés au sujet de l'accès des filles à l'éducation au Cameroun. Toutefois, quelques obstacles significatifs comme la discrimination dans l'éducation, sont toujours présents dans leurs parcours vers la professionnalisation. En général, l'orientation des filles se heurte encore aux stéréotypes liés au genre, omniprésents dans les cultures africaines. Evoquer l'égalité entre les sexes n'implique pas seulement qu'un nombre égal de garçons et de filles entrent à l'école et s'y épanouissent. Il s'agit aussi de faire en sorte que tous les élèves, quel que soit le sexe, aient les mêmes chances de réussite scolaire et soient traités sur un pied d'égalité dans le cadre de leur orientation scolaire, universitaire et professionnelle. Or, nous observons une masculinisation des cursus dans les cultures africaines. Pourtant, les choix d'orientation des filles et des garçons devraient être proposés en dehors de tout préjugé sexué. Autrement dit, la démarche éducative en orientation doit faire

---

[8] Selon le rapport 2015, l'objectif 2 était d'assurer l'éducation primaire pour tous, tandis que l'objectif 3 était de promouvoir l'égalité des sexes et l'autonomisation des femmes, car les femmes continuent d'être confrontées à des discriminations pour l'accès au travail.

fi des déterminants culturels et sociaux.

1. LE CONTEXTE D'ÉTUDE

Cette recherche a pour cadre, la région du Centre au Cameroun. C'est la socioculture beti. Pour les membres de ce groupe, l'homme est le mâle dominant. Il occupe une place de choix dans l'échelle sociale. La lecture en filigrane de la culture beti attribue donc le plus souvent à l'homme, la responsabilité de la famille. En fait, dans cet univers culturel, la représentation sociale de l'homme détermine au premier plan son statut au sein de la société. Un homme qui n'a pas de pouvoir économique ne peut pas intervenir dans les décisions de la communauté. Car, un proverbe beti précise : « *kup ya kobo kik dzam meson* », [la poule ne parle pas des problèmes de dents]. En effet, partant du principe de la dualité fondamentale qui bipolarise les éléments du social et du cosmique, on s'aperçoit qu'en socioculture beti, l'homme désigne le côté droit ou le bien, tandis que la femme est le symbole du côté gauche ou le négatif[9].

En général, l'éducation a une dimension culturelle dans les sociétés africaines. Le sexe ne joue pas seulement un rôle biologique. Chaque individu exprime le contenu sexuel de sa vie en fonction de son cadre culturel. C'est la socioculture qui définit les modes d'emploi et d'expression de l'existence humaine. La vision traditionnelle de l'éducation africaine se caractérise par une division sexuée de l'éducation et de l'ensemble des activités sociales, la mainmise du masculin sur le féminin et des interdits régissant les rapports d'un sexe à l'autre. Chez les Beti du Cameroun, l'éducation est un devoir qui implique la perpétuation des valeurs pour la survie

---

[9] Pour R. Mbala Owono (1990 : 44), si *« ...les Beti répugnent à la centralisation du pouvoir, [...] le pouvoir ordinaire est engendré par les inégalités de statuts sociobiologiques entre êtres humains à partir des oppositions suivantes : hommes (mari, père, frère, père, patron, maître, chef), femmes (épouses, filles, sœurs, enfants, clients, esclaves, dépendants). »*

du groupe. Les valeurs et les représentations qui gravitent autour de l'enfant et la place qu'il occupe dans la famille sont telles que les déviances soient difficilement acceptées. Vu sous cet angle, l'homme apparaît comme étant au cœur de l'organisation de la vie sociale grâce à sa force de travail. C'est à lui d'assurer la survie biologique et sociale de la collectivité. On ne peut devenir parent et s'inscrire dans la chaîne des générations que par le travail. L'homme qui ne travaille pas pose le problème de l'incomplétude des rôles que la société beti lui octroie.

2. LE PROBLÈME

L'orientation scolaire et professionnelle est une réalité controversée au cœur du système éducatif Camerounais. L'orientation est un processus éducatif et actif complexe qui engage le devenir du jeune en quête d'un projet de vie. Ce dernier doit se connaître, maîtriser ses aptitudes et ses difficultés en rapport avec son milieu social et culturel. En effet, les décisions à prendre dans la mise en place du projet personnel engagent pour la vie. Dans notre éthos culturel camerounais, on peut se demander à juste titre, comment notre système scolaire, qui subit les influences de notre diversité culturelle ayant pour dénominateur commun la discrimination dans l'éducation des filles et des garçons, peut garantir une égalité des chances dans son système d'orientation ? Quelles sont les pratiques camerounaises d'orientation ? Existent-ils des *« métiers genrés »* où la loi des stéréotypes stigmatise encore l'éducation des jeunes filles ?

Juridiquement parlant, les métiers sont tous mixtes. Pourtant, dans la pratique ils sont sexués. Si les hommes sont orientés dans la plupart des secteurs, les femmes sont affectées en général dans les métiers des services à la personne et du social, des professions intermédiaires de la santé, de l'éducation et de l'enseignement. Qu'est ce qui explique ce choix ? Est-ce parce que la société attend des hommes, dynamisme, force et stratégie, et des femmes, délicatesse, altruisme et rigueur ? A eux, les activités de commandement et exigeant de la technique, à elles, les activités de service, de soin et de bien-être. Par exemple, au secondaire, on voyait d'un bon œil que les jeunes fille soient confinées dans des filières comme IH (Industrie de l'habillement) ou dans des formations de secrétariat (qui cadrent avec leurs soit disant qualités féminines). En d'autres mots, il s'agit d'élucider les interrogations suivantes : Comment se réalise le processus d'orientation ? Quel crédit donner à l'éventail des possibilités ? Comment la culture influe sur les choix ?

Dans de nombreux groupes culturels, on observe encore la persistance d'une orientation discriminée qui se ferait de façon sexuée. Elle serait *« sextypée »* comme la qualifient Baudelot et Establet (1992). En effet, les filles se retrouvent souvent concentrées dans les filières littéraires comme LMF (Lettres Modernes Françaises). Est-ce le fait de la culture qui « prédestine » déjà la femme dans un rôle social inférieur à celui de l'homme ? Pourquoi persistent les stéréotypes et les clichés qui sont à la base même de sa socialisation dans son milieu de vie ? En fait, le problème part du primaire et se complexifie au secondaire. Plusieurs filles voulant s'inscrire plus tard dans des filières scientifiques perdent l'estime et la confiance de soi et peinent en mathématiques. Ainsi, la voie est toute tracée vers les filières littéraires. Ce sont ces questions que nous tentons d'élucider dans cet article. L'objectif de cette étude est de vérifier que les stéréotypes sociaux ont un lien significatif avec l'orientation scolaire des jeunes filles beti. Le point de vue anthropologique qui met en exergue les perceptions et les représentations dans la société, peut permettre d'améliorer l'orientation scolaire dans notre système éducatif. L'intérêt de cette étude inscrite dans le champ de l'anthropologie de l'éducation est la promotion de « l'orientation pour tous »[10].

Afin de mieux orienter notre recherche et d'opter pour une certaine originalité, nous l'avons adossée sur les multiples connaissances préalables de nos prédécesseurs. Le poids du genre dans l'orientation a longtemps été mis en exergue (Vouillot, 2007). La question des écarts entre les filles et les garçons en matière d'éducation et leurs itinéraires scolaires intéresse de nombreux auteurs (Lange, 1998 ; Tchombe, 2006, Matchinda, 2008). Les représentations culturelles renforcent les préjugés sur les filles (Capso, 1981 ; Davison, 1993). Certains auteurs parlent de marginalisation. Pour endiguer le phénomène, Matchinda (2008 : 84) souligne que :

> [...] chaque communauté devrait s'efforcer d'éliminer tous les obstacles (sociaux, culturels et économiques) à l'éducation des filles pour offrir aux filles les mêmes chances de réussite que celles proposées aux garçons. Cela implique un environnement débarrassé de stéréotypes, de valeurs ou d'attitudes discriminatoires qui prennent en compte les attentes des filles et de leurs familles et qui soit adapté à leur contexte social et culturel.

Cette contribution se propose de confronter différents regards anthropologiques contemporains sur les stéréotypes de genre. Il s'agit donc d'être tout particulièrement attentif à la dimension ethnographique et descriptive des

---

[10] Nous faisons cette proposition avec en filigrane celle de l'initiative « Education Pour Tous » (EPT), née de la Conférence Mondiale sur l'éducation tenue à Jomtien en Thaïlande en 1990, visait à offrir à tous les enfants -garçons et filles- la possibilité d'accéder à un cycle complet d'enseignement primaire d'ici à 2015 et à promouvoir l'égalité des sexes et l'autonomisation des femmes.

manifestations des stéréotypes culturels : appréhender l'individu dans son milieu, à partir des pratiques et surtout de ses représentations. L'ambition consiste à mettre en exergue les dimensions morales à l'œuvre à l'interface du stéréotype comme expression identitaire et comme matière façonnée par des normes et des valeurs de groupe. Nous traitons des pratiques sexuées comme mode de socialisation dans des domaines aussi variés que la morale, l'éducation, la socialisation ou les pratiques quotidiennes dans l'espace social des beti du Cameroun. Le présent article témoigne de l'intérêt et de l'efficacité de la méthode ethno-anthropologique dans l'aperception et la caractérisation des faits de culture. Il invite à se fonder sur le terrain des enquêtes dans des aires culturelles précises plutôt qu'à suivre les paradigmes existants.

3. LA MÉTHODOLOGIE

Une enquête a été menée auprès d'un échantillon de 300 jeunes filles âgées de 16 à 24 ans rencontrées au hasard dans le campus de l'université de Yaoundé 1, celui de l'école normale supérieure de Yaoundé et des lycées Leclerc et de Ngoa-ekellé de la ville de Yaoundé. Par ailleurs, 20 conseillers d'orientation, 10 enseignants et 20 parents d'élèves ont été interviewés. La plupart de ces enquêtés ont requis l'anonymat. Les données utilisées dans cet article proviennent ainsi d'une enquête réalisée sur la discrimination sexuelle dans le milieu éducatif. Plusieurs techniques de recueil de données ont été utilisées : 1) Le recensement des jeunes filles par établissement de septembre 2012 à juin 2014. 2) Une enquête par questionnaire auprès des conseillers d'orientation et des enseignants dans le quartier Ngoa-ékellé abritant l'université de Yaoundé 1 et les lycées Leclerc et de Ngoa-ékellé. 3) Une enquête qualitative *in situ* par entretiens réalisée avec l'aide des conseillers d'orientation scolaire et des enseignants en service dans les institutions scolaires choisies. 4) L'exploitation des informations contenues dans les questionnaires est réalisée à partir d'un logiciel de traitement de données statistiques (SPAD). Pour ce qui est de l'interprétation, on a pris appui sur *l'ethnanalyse* développée par Mbonji Edjenguèlè (2005), afin de rendre compte du phénomène suivant la perspective de l'ethno-anthropologie.

Des entretiens semi-directs et des discussions informelles ont été menés auprès des acteurs pour connaître leurs parcours à partir de leurs histoires de vie et les solutions de remédiation à proposer. Bref, l'un des objectifs du choix de la présente méthodologie était d'offrir une tribune aux jeunes filles, afin qu'elles s'expriment librement sur leurs parcours parfois atypiques. Ce mode de travail itératif *« qui permet de s'imprégner de l'essence d'une situation, d'en capter la complexité et d'en interpréter le sens »* (Gauthier 2006, p. 132) relève d'une étude exploratoire permettant de dresser le portrait d'un personnage. L'objectif a été de lire de l'intérieur et en profondeur les déclarations sur les comportements décrits ou présentés. L'extraction des données s'est fondée sur un plan d'analyse élaboré, conformément aux questions et objectifs poursuivis et suivant la technique d'analyse de contenu. Notons aussi que les informateurs ont été rebaptisés pour des questions éthiques relatives à la sensibilité du sujet. Seuls, ceux ayant accepté d'être cités feront l'objet de nomination véritable tout au long de cet article.

4. L'ORGANISATION SOCIALE DES BETI ET LEURS PERCEPTIONS DES MÉTIERS

Les nombreuses monographies réalisées sur la localisation du groupe beti qui est l'objet du champ d'investigation de cette recherche, s'accordent sur son déploiement dans les régions du Centre et du Sud de la République du Cameroun. Des avis divergent cependant, quant à la généalogie et la classification du groupe et de ses sous-groupes. La présente étude s'appuie sur les enquêtes et études ethnologiques relatives au groupe Pahouin en général et sur les Beti en particulier. Les différentes études anthropologiques et sociologiques se situent généralement au niveau des ensembles ethniques[11]. *Beti* est le pluriel de *Nti* qui signifie : le Seigneur, le Noble ou l'homme libre. H. Ngoa[12] les définit comme *« les hommes libres et capables de se défendre par leurs propres moyens ».* Aujourd'hui, les Beti sont établis dans la région du Centre et Sud du Cameroun et comprennent une mosaïque de tribus dépendant d'une aire culturelle particulière, qui a subi le choc d'une acculturation[13] récente. Les Beti se retrouvent autour de Yaoundé, la capitale du Cameroun, et peuplent la forêt tropicale à la limite de la savane. Selon P. Laburthe Tolra (1981), c'est un groupe qui inclut les Bulu et les Fang du Cameroun méridional, de la Guinée Equatoriale et du Gabon. On les appelle couramment les Ewondo et les Bané.

On remarque dans ce groupe, une forte natalité qui est la réponse naturelle à une existence misérable, constamment menacée, soucieuse d'assurer sa descendance, principalement masculine. L'enfant est ici, à la fois l'objet d'un « investissement » affectif, économique, financier, social, une source de travail, de revenu, de prestige et la garantie d'une sécurité matérielle lors de la vieillesse. Pour cela, il est unanimement accueilli comme un don de la nature. Le Beti vit dans une société d'interconnaissance où la parenté est la charpente. Le mariage produit des liens sociaux et non personnels. Dans cette société, le mariage est une institution vitale. Les célibataires et les couples sans enfants sont isolés. C'est un facteur de paix sociale soutenu par un réseau inaltérable d'interdépendance. Les époux ne s'unissent pas

---

[11] P. Tempels, *La Philosophie Bantoue*, Paris, Présence Africaine, 1949.
Binet, *Psychologie Economique Africaine*, Paris, Payot, 1970.
Balandier, *Sociologie Actuelle de l'Afrique,* Paris, PUF, 1970.

[12] Henri Ngoa, cité par Philippe Laburthe Tolra, in *Les seigneurs de la forêt*, Paris, Publications de la Sorbonne, 1981, P.47.

[13] Lorsqu'une société entre en contact avec une autre, d'histoire et de culture distinctes, une évolution artificielle se produit dans ses coutumes, sa langue, sa religion, son économie.

seulement, mais lient deux familles. Le mariage permet de raffermir les relations sociales. Il les cimente entre les familles et crée un ensemble d'obligations et d'échanges de services conformément à des usages bien déterminés.

Dans la société traditionnelle beti, l'éducation occupe une place capitale dans la vie familiale. Le jeune garçon est éduqué par son père et la fille par sa mère. Chez les Beti, on ne naît pas homme ou femme, on le devient. Il faut donc respecter les principes de discrimination dans l'éducation qui sont la fondation de la socioculture. Les conditions d'accession au statut d'homme étaient : la construction d'une case, la possession d'une plantation et surtout, le mariage. Pour une fille, la première exigence était la fécondité, l'endurance au travail et la conduite morale exemplaire (R. Mbala Owono, 1986). Pour P. Fonkoua (2006, P. 7), *« on peut observer pour le monde africain traditionnel que la femme est reconnue essentiellement dans la société comme donneuse de vie et nourricière »*. On peut donc conclure cette partie en affirmant qu'il existe des stéréotypes culturels de genre chez les beti du Cameroun. Ces stéréotypes, qui sont une sorte de stigmatisation de sexe, ont un impact sur l'orientation future de la gent féminine, car ils participent à la construction identitaire des membres du groupe beti. La culture fait pression sur les femmes qui finissent par assimiler *la dévaluation sociale*.

5. LES STÉRÉOTYPES DE GENRE ET LEUR ASSIMILATION

Généralement, lorsque nous parlons de métiers dans nos cultures africaines, il nous vient inconsciemment à l'esprit, une féminisation et une masculinisation des professions. On peut comprendre que le garçon soit camionneur, maçon, garagiste ou plombier et non la fille, que cette dernière soit infirmière, coiffeuse, secrétaire et non le garçon. Bref, dans les cultures africaines, il existe des métiers de filles et ceux de garçons. Ce sont des représentations partiales et péjoratives de l'un des deux sexes. Ces préconceptions sont des préjugés et des schémas simplistes que nous adoptons de par notre socialisation. Notre éducation et nos comportements ont été façonnés par la culture qui a fait assimiler un certain nombre d'idées, de normes, de valeurs et de stéréotypes. L'éducation a pour but dans le milieu beti, d'introduire progressivement l'enfant dans le monde auquel il est d'abord étranger ; ce monde chargé de valeurs et d'histoire. Cette éducation est une enculturation, c'est-à-dire un processus d'assimilation des valeurs sociales et des traditions culturelles à l'intérieur du groupe humain. On enracine l'enfant dans l'histoire en prenant les stéréotypes comme des repères de vie. Ceux-ci sont des croyances partagées par les membres d'un même groupe d'appartenance. Si les discriminations et les stéréotypes culturels résistent à l'analyse, c'est que leur élucidation pose de sérieux problèmes. Comment lire en filigrane la variété des formes qui l'incarnent ? Comment aborder anthropologiquement la question de leur persistance ? Mais, tout d'abord, qu'appelle-t-on stéréotypes de genre et comment nous influencent-ils ?

6. L'INFLUENCE DES STÉRÉOTYPES DE GENRE

En parlant des destinées des filles et des garçons, nous évoquons les stéréotypes de genre que nous transmettent la socialisation et ses agents que sont : la famille, l'école, les médias, la rue, les pairs, etc. Les stéréotypes seraient donc « des signaux qui associent des traits de caractère, des compétences, des attitudes à un sexe, plutôt qu'à un autre et qui forgent notre vision de la place et du rôle des hommes et des femmes dans cette société » (Costes, Houadec & Lizan, 2008, P. 59). Selon ces stéréotypes, la société attribue à chaque sexe, une caractéristique, un attribut, un statut et un rôle à jouer en son sein. Suivant notre construction culturelle, il y a des attentes spécifiques liées à chaque sexe. Ceci est d'autant plus vrai que dans la société beti le groupe exerce une contrainte maximale sur l'individu, de sorte qu'à la fin, les comportements de tous leurs membres revêtent ce caractère d'unanimisme constaté dans toute société traditionnelle. De telles raisons expliquent leur équilibre et leur semblant d'évolution, leur histoire étant répétitive puisque construite en cercles concentriques autour des modèles ancestraux. Si pour la fille beti, on attend qu'elle soit douce, sensible et soumise, on préfère que le garçon soit agressif, dominant et endurant car, il doit protéger et nourrir une famille. Chez les Beti, la différence des sexes est perçue comme une hiérarchie : celui qui a le phallus est le sexe fort. Il commande. Celui qui ne l'a pas, est le sexe faible. C'est la femme : elle obéit. Selon Edongo Ntede P. F. (2010, p. 93) :

> …la jeune fille ne bénéficiait pas des mêmes prérogatives que son frère dans la communauté. Elle devait suivre sa mère, et se consacrer aux travaux réservés à la gent féminine. Ses jeux devaient cadrer avec son statut de femme ravalée au bas de la pyramide sociale. D'ailleurs dès sa naissance, on ne fêtait pas son arrivée comme celle du garçon. Ce dernier, bénéficiait de trois « *oyenga* » (cris de joie) alors que sa sœur n'avait droit qu'à un seul. Dès l'amorce des grands rituels qui devaient régir l'entrée de la vie en société des uns et des autres, la fille était tenue à l'écart. On ne lui demandait que d'avoir une vie digne « *dzin enying* », une colonne vertébrale solide, « *nkak esié* » et une progéniture abondante « *abum abié* » (Littéralement : ventre fécond).

Autrement dit, la division sexuée des rôles et des tâches a toujours été une réalité chez les Beti. Chaque personne avait un rôle précis à jouer. Le caractère sexiste du travail se dégage souvent à un âge précoce pour les enfants des pays africains en général. A l'intérieur de la famille, les tâches sont bien réparties entre les sexes : les filles participent aux travaux ménagers alors que les garçons rendent des services à l'extérieur de la maison ou font des commissions. En général, c'est le père qui détient formellement l'autorité. C'est lui qui s'occupe de l'apprentissage des enfants dans l'exécution des travaux. Quant à la mère, elle se voit aussi attribuer un rôle d'éducatrice dans les travaux de la maison, et surtout dans la transmission des valeurs morales.

7. LES MANIFESTATIONS DES STÉRÉOTYPES DANS LES HISTOIRES DE VIE

Dans la précédente partie, nous avons vu comment la culture prédestinait déjà les individus en fonction de leur sexe. Pour Baudelot C. (2000), on profile les garçons pour occuper une position masculine d'autorité et de pouvoir et les filles pour prendre en charge les enfants, le foyer, le mari. Les jeunes filles assimilent leurs rôles de personnages de « l'intérieur » et s'en tiennent à ce statut dans leurs futurs choix. Cette prédestination culturelle influe sur l'orientation scolaire des jeunes filles. Leur enculturation et leur construction antérieure tracent déjà le chemin de vie. Les stéréotypes sexistes assimilés influent les choix d'emplois futurs. Ils se manifestent à travers les différents agents de socialisation que sont la famille, l'école, les média, les pairs, etc.

7.1. L'histoire d'Engomè Olga

Engomè Olga est une jeune étudiante du premier cycle de l'école normale supérieure de Yaoundé. Elle a 20 ans. Elle vit avec ses parents. Elle nous a tenu ces propos lors de notre enquête de terrain :

> Je suis l'aînée d'une famille de cinq enfants dont quatre garçons. Si je suis ici, c'est parce que mon père a décidé que je serais enseignante. *« Que peux-tu faire d'autre dans ce pays ! Ne me dit pas qu'avec ton Bac C, tu iras à l'école des travaux publics comme ton frère ! Ce n'est pas parce que tu passes le temps à jouer au football avec tes frères. Je t'ai déjà dit que tu es une femme. Et tu sais bien qu'il y a des métiers de femmes. »* Pour mon père, les femmes qui s'entêtent à faire des métiers d'hommes sont des

> homosexuelles. Elles sont bizarres ! (souligne-t-il). Si tu étais donc à ma place, qu'allais-tu faire ? C'est quand même mon père ! Je suis obligée de suivre. D'ailleurs, j'ai l'impression qu'il a raison ; je crois que si je suis un garçon manqué, je risque de ne pas trouver un mari ! (rires)

Ce qu'on retient ici, c'est qu'Engomè est une jeune fille stigmatisée qui subit des stéréotypes de genre. Seule fille de la maisonnée, Engomè joue au football avec ses frères. Ce qui n'est pas vu d'un très bon œil par son père qui sait que la tradition promeut la virilité du garçon et la réserve de la fille. Pour ce dernier, sa fille Engomè doit se conformer à son statut de femme et accepter sa dévaluation sociale. L'identité sexuée d'Engomè, fille stigmatisée, est contraignante et son comportement futur est tracé en fonction des représentations du féminin dans la culture beti. Si Engomè accepte sans rechigner cette vision du monde et ce modèle qui est une matrice des inégalités, c'est qu'elle a intériorisé et assimilé durant sa socialisation son statut de personne appartenant à un sexe stigmatisé. Elle finit par accepter la discrimination et se conforme au stéréotype sexiste et à la catégorisation sociale[14] imposée par sa communauté d'appartenance.

7.2. L'histoire de Ngono Thérèse

Nous avons rencontré Ngono Thérèse, jeune fille de 17 ans de la classe de terminale A (Allemand) au lycée bilingue d'Essos à Yaoundé, au cours des journées nationales d'orientation. Jeune fille très réservée, elle nous a donné son point de vue sur l'orientation, en prenant son parcours en exemple.

> Mes parents m'ont toujours enfermé. Contrairement à mon frère, ils ne m'emmenaient pas spontanément

---

[14] La catégorisation sociale définit la place de chacun dans la société. S'agissant des représentations féminines, on peut parler de l'appartenance groupale lorsque les femmes se définissent elles-mêmes et sont définies par les autres comme membres d'un même groupe.

> chez les voisins du quartier pour jouer davantage. Ils me répétaient que ma place était à la maison. Une fille ne joue pas avec les garçons. En matière de sport, ils refusaient que je joue au foot ! Pourtant, je me débrouillais très bien ! Quand j'ai eu mon Bac, mon père a dit qu'il voulait que je trouve vite du travail, car pour lui, les longues études, c'est pour les garçons. La femme, c'est son foyer. Pendant que mes frères allaient jouer avec les enfants des voisins, je suivais sans broncher, ma mère à la cuisine et je l'aidais dans les travaux ménagers ! Si je suis ici, c'est que j'aimerais que les conseillers rencontrent mon père. J'ai envie de faire des études et d'avoir une licence. Pourquoi pas ? Lui parle d'enseignement, alors que mon frère fera politech (polytechnique).

L'histoire de Ngono apporte la preuve que dans certains milieux, ce sont les parents qui décident, en fonction du sexe de l'enfant, des choix d'orientation ou poussent ces derniers à choisir. En principe, Ngono et ses frères commencent la vie avec un potentiel identique. Mais en grandissant ils vont devoir se conformer aux exigences de la culture, et donc aux stéréotypes de genre. Même les activités sportives des enfants sont différentes selon le sexe auquel ils appartiennent. En leur faisant adopter différents styles de comportement, cette éducation et socialisation différenciée va développer des centres d'intérêt différents. Les différences de comportement ne sont pas génétiques. Ainsi, Ngono et ses frères vont finir par se calquer, même inconsciemment, aux rôles traditionnels des sexes. La femme s'occupera de l'intérieur, le ménage, la famille, tandis que ses frères seront orientés vers les branches techniques.

8. CE QUE LES ITINÉRAIRES D'ORIENTATION DES JEUNES FILLES BETI NOUS DÉVOILENT SUR LE VÉCU DES STÉRÉOTYPES DE GENRE

L'enquête que nous avons réalisée avait pour but de comprendre si les perceptions de la carrière étaient liées au sexe de la personne considérée. En d'autres termes, il s'agissait de comprendre si les jeunes filles beti ou leurs parents, considèrent que certains critères dans le choix d'un métier sont plus importants à prendre en compte pour une fille que pour un garçon (et vice versa), et si certains métiers sont davantage recommandables à l'un ou l'autre (et vice versa). Cette étude a donc été réalisée auprès d'un échantillon de 300 jeunes filles. Toutefois, dans le cadre d'un article, nous ne pouvons présenter que quelques témoignages des perceptions féminines. Il faut aussi remarquer que les itinéraires ou trajectoires sexuées ne sont pas une exclusivité camerounaise. La majorité des apprenantes africaines en quête d'emploi suivent les mêmes parcours. Ceux-ci sont influencés par la culture. Les pratiques sexuées s'affichent même dans les loisirs. Les parents rencontrés pensent qu'il est mieux de se faire exclusivement orienter par la famille. Pour Assomo Céline, 50 ans, mère d'enfants et femme au foyer :

> Je sais qu'il y a des conseillers au lycée, mais je préfère moi-même maîtriser l'éducation de mon enfant. En troisième, on lui conseillait déjà de jouer au football ! Vous vous rendez compte ! Une jeune fille qui gambade légèrement vêtu en plein milieu de la cour et devant les garçons ! Si ce n'est pas un début de prostitution, c'est quoi ? Dites-moi ! Et encore, le football, c'est une histoire d'hommes ! A notre époque, il y avait les jeux des garçons à part, et les jeux des filles à part ! Il y a des métiers des hommes et des métiers des femmes ! Entre nous, tu vois ma fille garagiste ? Qui l'épouserait ? Qui l'a regardera même ?

Ces propos de Céline montrent l'influence des stéréotypes sur la personne de la jeune fille et dans ses futurs choix de métiers. Les choix d'orientation sont visiblement sexués. L'avis et les rêves de la jeune fille ne sont pas pris en considération. Pour cette mère, femme au foyer, la fille doit être confinée dans un domaine qui prépare déjà son statut de mère. Elle n'est pas destinée aux métiers d'hommes. Culturellement, les parents ont intériorisé que les filles sont différentes des garçons et ces différences de perception entre filles et garçons persistent. Les parents (les pères et les mères) espèrent voir leur garçon tenir une position dominante dans la société. Ils plaident pour un salaire élevé et la sécurité de l'emploi. C'est le garçon qui restera à la place du père, tandis que la fille ira en mariage dans un autre village. Une fille doit d'abord assurer sa vie privée. « Son emploi du temps ne doit pas mettre en péril l'équilibre du foyer » pense une mère ! Maman Céline perpétue ainsi la discrimination sexuelle au niveau des capacités. Il s'agit d'une hiérarchisation des valeurs selon le sexe. La fille et le garçon ayant chacun intégré dès l'enfance, des stéréotypes de sexes, des représentations et une destinée distincte dans les rôles et les statuts. Les propos de Mvondo Ndi Annie, 20 ans, étudiante en histoire mais qui voulait préalablement s'inscrire en archéologie vont dans le même sens :

> Je suis allée à l'université à la rentrée pour la première fois. Après trois heures d'attente dans une salle de classe bondée d'étudiants, quatre conseillers entrèrent. Ils nous saluent et nous disent qu'on ira très vite [on ne perdra pas de temps]. Chacun devait passer avec son relevé de notes. A mon tour, le verdict est tombé après deux minutes. J'étais affectée en histoire parce que j'avais eu 12/20 en histoire au Bac ! Pourtant ce n'est pas ce que je voulais faire ! Comme je ne comprenais visiblement rien, il m'apostropha :
>
> « Que veux-tu faire finalement? Qui t'a dit que les filles réussissent en archéologie ? C'est bien d'avoir une licence en histoire, tu seras enseignante ! C'est

> bien pour les filles ! Tu veux quoi ? Vivre en pantalon et fouiller les tombes ? »

Dans le contexte culturel beti, la jeune fille qui suit une formation masculine n'est plus vue comme une vraie fille, mais un *garçon manqué*. Sa camarade Nkolo Anasthasie, 17 ans, a connu des déboires avec les conseillers d'orientation de l'université de Yaoundé 1. Elle raconte :

> Moi, je veux réussir ma vie... moi aussi... Mais nos conseillers là, c'est malheureux ! D'abord ils pensent que toutes les filles doivent faire la même chose ! Vous vous rendez compte, quand je me suis présenté à eux, ils m'ont regardé de bas en haut ! Un m'a dit que ma place n'était pas à la Fac ! Pour lui, j'étais trop jeune ! « Tu ressembles à ces filles de boss qui ne comprennent rien ici ! On devait t'inscrire dans une université privée. Il y a moins d'élèves là-bas. Ton père pouvait t'envoyer à la Catho ! [Institut Catholique d'Afrique Centrale] ». Quelle fut ma déception quand ils ont daigné regarder mon relevé du Bac. « Toi, tu as même été repêchée ! On peut même t'envoyer où ? » Après avoir jeté un rapide coup d'œil en direction de son collègue, il conclut que je devais aller me battre [s'inscrire] en psycho, car j'avais quand même 07/20 en maths... « Non n'aie pas peur je t'envoie là-bas parce que tu n'es pas très mal en maths, tu te débrouilleras en statistiques ! Après ta licence, tu feras l'école normale ! Mais il faut que tu aies un parrain ! Tu sais là-bas, il faut avoir quelqu'un ! » Il rigolait ! Ça l'amusait de me voir angoissée. J'avais le vertige !

Nous sommes là, face à une orientation stigmatisante. Pour le sociologue François Dubet[15], c'est une manifestation

[15] François Dubet a récemment publié au Seuil : L'École des chances (2004), Injustices (2006) et Le Travail des sociétés (2009). Pour cet auteur, il y a deux manières de concevoir la justice sociale. La première, l'égalité des places, vise à réduire les inégalités entre les différentes

du mépris scolaire. Implacablement, la société hiérarchise les métiers et nos cultures transforment ces métiers en destins sociaux. C'est en fait une ségrégation professionnelle qui persiste dans nos cultures, car les métiers à prédominance féminine sont sous-valorisés. Les femmes sont surreprésentées dans les professions incarnant les « vertus dites féminines » (administration, santé, social, services à la personne). Elles sont toujours peu nombreuses dans les professions incarnant les « vertus dites viriles » (force et technicité). C'est une hiérarchie difficile à déconstruire, car les préjugés permettent de justifier le statu quo (ils maintiennent les sexes dans des positions asymétriques) et ils répondent au besoin d'identité sociale. Le stéréotype ici a pour fonctions principales d'expliquer, d'anticiper (prédire ce qui va arriver en fonction des caractéristiques des individus) ou de justifier notre comportement par rapport à un sexe. Etant donné que depuis notre enfance, nous avons été socialisés dans une société fortement stratifiée en fonction des genres, la représentation des hommes et femmes dans leur activité professionnelle devient un problème socioculturel qui conditionne l'image qu'on se fait des sexes. Ces stéréotypes sociétaux sont difficiles à effacer. S'agissant de l'orientation professionnelle, les garçons sont orientés vers des filières d'ingénieurs et les filles plutôt vers les lettres, les langues, les filières paramédicales ou de services, réduisant d'autant leurs débouchés professionnels et l'évolution de leur carrière puisqu'elles sont orientées vers les secteurs les moins porteurs et les moins rémunérateurs. C'est le cas de Nanga Eléonore qui a 18 ans au niveau 1. Elle nous parle de son orientation.

> Je suis allée pour la première fois chez nos conseillers du lycée avant d'arriver à la Fac. Etant donné que mon

---

positions sociales. La seconde, l'égalité des chances, cherche à permettre aux individus d'atteindre les meilleures positions au terme d'une compétition équitable.

> père est maître d'école, j'étais préparée car mes parents avaient déjà pris la décision de me voir poursuivre mes études le plus loin possible, mais dans le domaine de l'enseignement. Il ne cessait de répéter : « tu seras enseignante, mais une enseignante d'université. Ma fille je ne veux pas qu'on te piétine ! »

Le choix de cette jeune fille est conditionné en amont par des stratégies parentales. Son père, enseignant de l'école de base, ne veut pas que sa fille reste au bas de l'échelle sociale. Ce désir d'ascension entraîne alors une orientation précoce et suscitée par le parent. Pourtant, l'idéal serait une orientation acceptée et convenue. Une aide au choix, adaptée aux potentialités de l'apprenant.

En général, les parcours scolaires sont des schémas dessinés en fonction des cultures. A l'observation, les jeunes filles camerounaises mènent de front, leur carrière et leur vie en espérant plus tard de grandes responsabilités au niveau professionnel. Dans ce cas précis, on perçoit une dynamique culturelle. Toutefois, elles savent de par leur culture que même si elles ne réussissaient pas, il reviendrait à leur mari de s'occuper d'elles. C'est au garçon et non à la fille de « nourrir » la maisonnée. La femme attend tout de l'homme chez les beti. D'où cette discrimination dans l'éducation. Dans une famille aux moyens limités, les études du garçon sont privilégiées. La jeune fille va à l'école par défaut, étant entendu qu'elle sera à la charge d'un homme lorsqu'elle ira en mariage. Il existe donc une différence de priorité, pas très distincte de celle que proposent C. Baudelot et R. Establet[16] qui soulignent l'inégalité des chances dans les choix des filles et des garçons. A la question de savoir s'il existe des « professions masculines », 75% des jeunes filles interrogées sont porteuses de préjugés. Pour celles-ci, certains métiers comme mécanicien, peintre, maçon… sont des métiers

16 Christian Baudelot, Roger Establet , *Allez les filles !* , Éditions du Seuil, Paris, 1992.

d'hommes[17]. Cette discrimination dans les métiers suppose donc qu'il y aurait des métiers naturellement masculins et des métiers naturellement féminins ! Explorons quelques pistes de remédiation pour non pas éradiquer les stéréotypes, mais tout au moins les atténuer dans les milieux traditionnels.

9. LES STRATÉGIES FACE AUX STÉRÉOTYPES CULTURELS DE GENRE

L'usage des stéréotypes dans les sociétés contemporaines est une situation stigmatisante mais, on peut toujours les remettre en question. Avec le livre du sociologue Goffman (Goffman, 1963)[18], la question de la stigmatisation et des difficultés rencontrées par les membres de groupes qui en sont victimes ne peut plus être éludée. Etymologiquement le terme « stigmate » vient du Grec et désigne les marques au fer infligées aux déviants qui ne suivaient pas les bonnes mœurs de la communauté. Cette marque corporelle visible était une infamie pour son porteur qui vivait en marge des autres membres du groupe. Plus tard, le concept de stigmate se répandra. Au Cameroun, les élèves des écoles primaires qui parlaient leurs langues maternelles à l'école, au lieu du français, étaient affublés d'un collier de forme bizarre et reconnu par tous, appelé : symbole. Le but était de stigmatiser et de dévaluer l'élève aux yeux des autres (Jones et al., 1984). S'agissant de la fille, elle porte son genre comme un fardeau contraignant qui le marque et lui confère une place peu enviable dans la stratification sociale. Ce stigmate est visible, et conforte le stéréotype. Ce qui aggrave son vécu. Dans les cultures camerounaises en effet, les

[17] En général, les travaux sociologiques sur l'orientation relèvent la tendance qu'auraient les filles à se diriger vers des métiers qui leur semblent faciles à concilier avec leurs futurs rôles familiaux.

[18] Goffman distingue les groupes qui possèdent des stigmates tribaux, des stigmates liés aux abominations du corps et des stigmates liés à la personnalité (Goffman, 1963). Le stigmate associé aux femmes est le stigmate lié à la personnalité.

femmes sont cataloguées, et les représentations féminines les rangent au bas de l'échelle sociale. Quelles peuvent alors être les stratégies idoines à mettre en place ?

La première suggestion est celle de favoriser une mixité précoce dans la socialisation des filles et des garçons pour qu'ils aient une perception commune des métiers dès la petite enfance. Car, les stéréotypes de genre ont été assimilés par les enfants, dès leur plus jeune âge. La mixité favorisera des destins sociaux convergents. Autrement dit, si les petites filles et les garçons partageaient les mêmes tâches dès l'enfance, leurs visions du monde se modifieraient. Ils percevront très tôt que les compétences ne s'acquièrent pas en fonction des sexes. La *division sexuée de l'éducation* (Mbala Owono, 1990) a montré ses limites. Elle a eu pour but de masculiniser et de féminiser des tâches domestiques et plus tard des métiers (fragilité et sensibilité pour les filles et force et résistance pour les garçons)[19].

CONCLUSION

L'objet de cette réflexion était d'étudier les parcours scolaires des jeunes issus de la socioculture beti du Cameroun. Pour ce faire, elle s'appuie sur les formes d'orientation proposées par le système scolaire. La question principale était de savoir si les destinées scolaires des jeunes filles beti étaient davantage structurées par leur sexe, et si ces inégalités pouvaient être considérées comme des stéréotypes, des stigmates ou des discriminations ? Autrement dit, pourquoi dans notre société subsiste-t-il encore des métiers typiquement masculins ou féminins ? Est-ce une question de culture ?

Nous sommes partis de l'hypothèse que les cultures africaines présentent à la base une discrimination dans

---

[19] Pour R. Mbala Owono (1990), l'un des principes d'éducation du garçon est l'acquisition d'un pouvoir économique lui permettant de subvenir aux besoins de la famille.

l'éducation. Cette séparation entre filles et garçons influence très tôt les décisions d'orientation des jeunes. En effet, la majorité des conseillers d'orientation interrogés ne trouvent pas d'objection dans le tri des élèves en fonction du sexe. Le choix pour une filière se fait sur la base du facteur genre et non sur des critères académiques. En définitive, on peut s'accorder pour dire que les difficultés scolaires des adolescents africains se posent souvent en termes culturels. C'est la raison pour laquelle, le point de vue anthropologique a été privilégié dans cette recherche. Les stéréotypes sur les filles renvoient à une vision dévalorisée du statut social et de son rôle dans la société. D'où une interrogation sur la part prise par la dimension culturelle de l'identité des apprenants dans un contexte où le débat sur la parité dans le genre s'oriente sur les questions de stéréotype et de discrimination.

Sur la base des stéréotypes d'ordre culturel, nous constatons que l'orientation sexuée a encore de beaux jours, même si plusieurs parents commencent à comprendre que chaque enfant, quel que soit son sexe, doit avoir des chances égales. L'école ne peut seule promouvoir l'égalité entre les filles et les garçons. Elle ne peut remplir sa mission éducative qu'en accord avec tous les membres de la société dans laquelle elle s'intègre. La démarche éducative en orientation incluant le volet égalité entre les filles et les garçons peut démarrer à l'école primaire. La jeune fille choisirait sa voie, en allant vers le métier où elle se sent le plus productif et pas celui auquel la culture l'a prédestinée. La lutte contre les stéréotypes, les préjugés et les discriminations devrait irriguée la politique générale d'éducation dans les faits. Le rôle des ministères chargés de l'éducation est donc fondamental pour l'élargissement de l'assiette des carrières possibles pour les femmes. Cela passe par les cultures familiales, les orientations proposées au niveau des lycées et des universités. La société a le devoir de promouvoir les notions d'équité et d'engagement collectif au service de la bonne marche de l'économie nationale. La dichotomie fille/garçon est ancrée dans nos traditions. C'est à nous de faire évoluer ce phénomène qui catégorise les enfants dès l'enfance. Car en fait, ce sont des facteurs sociaux qui expliquent la division sexuelle des métiers. La société repose encore sur l'image qu'un homme doit gagner sa vie, voire celle de sa famille. Un homme qui ne réussira pas sera taxé de parasite ou de délinquant, mais s'il réussit il n'aura qu'accompli son rôle de « mâle »... Une femme qui gagne sa vie a du mérite, un homme, non, car c'est ce qu'on attend de lui. Dans nos cultures, les femmes n'ont pas cette pression sociale, et ont à l'esprit qu'elles iront en mariage et un homme s'occupera d'elles. En guise de perspective il serait intéressant d'étudier les différences dans la construction de l'identité, entre les garçons et les filles dans toutes les cultures camerounaises. Cela peut permettre de faire une étude anthropologique transversale.

BIBLIOGRAPHIE

Baudelot, C. & Establet, R. (1992). *Allez les filles !* Paris : Le Seuil.

Bard, C., Baudelot, C. & Mossuz-Lavau J. (dir.) (2004). *Quand les femmes s'en mêlent. Genre et pouvoir,* Paris : Editions de la Martinière.

Davison, J. (1993). School Attainment and Gender : Attitudes of Kenyan and Malawian Parents towards educating girls. *International Journal of Educational Development*, 13(4) : 331-338.

Dubet, F. (2010). *Les places et les chances : repenser la justice sociale.* Paris : Le Seuil.

Duru-Bellat, M. (2004). *L'école des filles. Quelle formation pour quels rôles sociaux ?* Paris : L'Harmattan.

Edongo Ntede, P. F. (2010). Ethno-anthropologie des punitions en Afrique. Paris : L'Harmattan. 210 pages.

Fonkoua, P. (2006). Femme et éducation au Cameroun : de la logique d'un Etat à l'état d'une logique. In *Cahiers africains de recherche en éducation N°2 : La scolarisation des filles au Cameroun. Jalons, repères et perspectives* 5-16.

Gauthier, B. (2006). *Recherche sociale : De la problématique à la collecte des données*. Québec : Presses de l'Université du Québec.

Géraldine, A. (2012). *L'orientation scolaire. Héritages sociaux et jugements professoraux*, Paris : Presses Universitaires de France.

Goffman, E. (1963). Stigma : Notes on the Management of Spoiled Identity, Englewood Cliffs, (NJ), Prentice Hall.

Jodelet, D. (1989). *Les représentations sociales*. Paris: Presses Universitaires de France. 456 pages.

Jones E., Farina A., Hastorf A., Markus H., Miller D., Scott R. (1984). Social Stigma : The Psychology of Marked Relationships, New York : Freeman

Laburthe-Tolra, P. (1981), (2009). *Les seigneurs de la forêt - Essai sur le passé historique, l'organisation sociale et les normes éthiques des anciens Beti du Cameroun*, Paris : L'Harmattan, 487 pages.

Lange, M. F. (1998). *L'école et les filles en Afrique, scolarisation sous conditions*. Paris : Karthala. 254 pages.

Liamputtong, P., & D. Ezzy. (2005). «Ethnography»: 160-180, in Qualitative Research Methods. Victoria : Oxford University Press.

Marro, C. (2012). Dépendance-indépendance à l'égard du genre. Penser l'égalité des sexes au-delà de la différence. *Recherche et formation*, 69, 65-80.

Marry, C. (2004). *Les femmes ingénieurs. Une révolution respectueuse*. Paris : Belin.

Matchinda, B. (2008a). *Motivation et éducation des filles : pour un modèle d'auto-détermination des adolescentes*. Thèse de doctorat d'Etat, nouveau régime. Yaoundé. 469 pages.

Matchinda, B. (2008 b). Droit des filles à l'éducation : enjeux psycho-socio-politiques. In Pallante, G. *Droit à quelle éducation en Afrique ?* 81-96.

Mbala Owono, R. (1986 a). *L'école coloniale au Cameroun : approche historico-sociologique.* Yaoundé : Editions de l'Imprimerie Nationale.107 pages.

Mbala Owono, R. (1986 b). *Stratification socioculturelle camerounaise et élite scolaire.* Yaoundé : Editions de l'Imprimerie Nationale. 213 pages.

Mbala Owono, R. (1990). *Education traditionnelle et développement endogène en Afrique Centrale*, Yaoundé : CEPER.

Mosconi, N. (1994). *Femmes et savoir. La société, l'école et la division sexuelle des savoirs*. Paris : L'Harmattan

Tchombe M. T. (1993). *L'accès des filles à l'éducation de base et à l'enseignement primaire au Cameroun.* UNESCO : Bureau Régional de Dakar, (4). 50 pages.

Tchombe, T.M. (2006). L'accès des filles à l'éducation au Cameroun ; la fin du vingtième siècle, les problèmes et les perspectives pour la qualité dans l'accès. In *Cahiers africains de recherche en éducation N°2 : La scolarisation des filles au Cameroun. Jalons, repères et perspectives.* 53-79.

Vouillot, F. (2010). L'orientation, le butoir de la mixité. *Revue française de pédagogie*, 171, 59-67.

Vouillot, F., Mezza, J., Steinbruckner, M.L. & Thiénot, L. (2011). *Orientation scolaire et discrimination. Quand les différences de sexe masquent les inégalités*. Paris : la documentation Française.

Zaidman, C. (1996). *La mixité à l'école primaire*. Paris : L'Harmattan.

IDENTITE SEXUELLE ET MARCHE DU TRAVAIL : ENTRE PRAGMATISME, ATTENTE INQUIETE, RATIONALSATION ET RESIGNATION

Par MGBWA Vandelin (Enseignant à l'Université de Yaoundé I, ENS), ESSIANE EMANE Roger Yves (Doctorant en Psychologie à l'Université de Yaoundé I, Professeur des Ecoles Normales d'Instituteurs) et ANGO ANGO Brice (Conseiller d'orientation)

RESUME

L'objectif de cet article est d'examiner la continuité entre l'identité sexuelle, le marché du travail et la construction de la carrière professionnelle. Des observations systématiques faites auprès des étudiants et des étudiantes suggèrent que la construction de la carrière professionnelle serait une posture psychique enracinée très tôt dans le développement infantile. Sans doute la transmission des identités et de rôles de sexe s'enracine-t-elle dans des interactions précoces, en amont de la réalité professionnelle. Or, il semble que entre la scène du fantasme et le parcours scolaire ou universitaire, il y a les vicissitudes du marché du travail .L'expérience du travail ne répète pas du tout ce parcours. Aussi problématiser sur la continuité entre l'identité sexuelle, le marché du travail et la construction du soi professionnel reviendrait à réfléchir sur le rapport dynamique de ce qui s'esquisse dans l'enfance, puis se remanie profondément par la rencontre avec le réel du travail et que l'acteur social ne parvient guère à comprendre. Pour comprendre les formes d'identité dans lesquelles l'acteur social construit sa subjectivité, la recherche s'est adressée à un groupe humain bien spécifique de cinq élèves conseillers d'orientation, que nous avons obtenus en appliquant la technique d'échantillonnage typique. Les données collectées auprès de cet échantillon et traitées ont laissé apparaître que la dynamique du rapport trouve son origine dans la nature des repères qui sont flous.

Mots-clés : identité sexuelle, marché du travail, construction de soi, conseillers d'orientation.

ABSTRACT

The target of this article is to examine the continuity between sexual identity, labour market and the construction of a professional career. Systematic observations made nearby students, suggest that the construction of a professional career may be a psychic posture firmly implanted in the childhood development. No doubt the transmission of identities and sex roles takes its roots amongst premature interactions, upstream of professional reality. But then, it appears that between the stage of fantasy and academies, there are lots of tribulations in the labour market. Moreover, to problematize on the continuity between sexual identity, labour market and the construction of a professional oneself will lead us to think back on the dynamic sketch of what happened in our childhood, which will reshuffle deeply with the combination of labour reality that the social actors seems not to understand. To understand the various forms of identities in which the social actor builds his subjectivity, our research addressed itself to a specific group of five guidance counselors obtained through sampling. The data collected from this specimen and treated led us to the conclusion that the dynamic report finds its origin in the nature of blurred references.
Key words: sexual identity, labour market, self-construction, guidance counselors

1. PROBLEMATIQUE DE RECHERCHE

Le problème que pose cette recherche est celui de la confrontation entre l'identité sexuelle, le marché du travail et la construction de soi. La division sexuelle du travail a pour caractéristiques l'assignation prioritaire des hommes à la sphère productrice et des femmes à la sphère reproductrice ainsi que simultanément la capacité par les hommes des fonctions à forte valeur ajoutée (politique, religieuse, militaire, etc.). Cette forme de division sociale a deux principes organisateurs comme le démontre Kergoat (2001) : le principe de séparation (il y a des travaux des hommes et des travaux des femmes) ; le principe hiérarchique (un travail d'homme « vaut » plus qu'un travail de femme). Si les deux principes organisateurs ont été mis en évidence dans la plupart des travaux de recherche, il y a lieu de relever une extrême variabilité des modalités de la division sexuelle du travail. Les différences constatées de construction de soi semblent être le fait des logiques de l'acteur social et non de l'identité sexuelle au regard des vicissitudes ou de certaines opportunités. Il faut noter qu'il ne s'agit pas d'un marché étanche, ni séparé. L'étendue du marché du travail semble dépendre de la conjoncture (l'amélioration durable de l'activité se réduit progressivement au profit du travail précaire).

En fonction de quel référentiel se joue la question des postures masculines/féminines dans la dynamique du rapport entre l'identité sexuelle, le marché du travail et la construction de soi ? Selon l'analyse de Fozing (2010), de 1985 à 2005, du fait de la pression démographique, on a assisté à l'arrivée sur le marché du travail de nombreux nouveaux scolarisés, faisant passer le taux d'activité à 51,8% en 1996, 63,3% en 2001 et 69,9% en 2005. Ces indicateurs expliquent d'après Fozing, la pression de plus en plus accrue sur le marché du travail camerounais. Le sexe masculin a constitué en 1983/84 un atout pour trouver un emploi (24%). Ce rapport de chance a fluctué entre 1996 (18%) et 2005 (16%). Le cadre de vie et le contexte familial se sont montrés d'un impact réel sur la probabilité. Certes, les difficultés d'insertion professionnelle au Cameroun sont croissantes à mesure que le niveau d'instruction s'élève, mais cela suffit-il à expliquer que les femmes et les jeunes soient les plus touchés ?

Selon le Document Stratégique du Secteur de l'Education et de la Formation (DSSEF, 2013), les pouvoirs publics entendent optimiser la formation du secondaire et du supérieur par la création des filières spécifiques qui soient en adéquation avec les besoins réels du secteur économique national. Ces mesures, estime le DSSEF (2013), favoriseront les formations professionnalisantes à l'effet de réduire le nombre de sortants diplômés sans emploi. En attendant la mise en application de ces mesures, pour les diplômés de l'enseignement supérieur, l'expérience sociale prend la forme de la souffrance narcissique identitaire. Du coup, l'école devient l'espace d'une vie juvénile qui ne cesse de s'allonger et qui impose ses propres normes d'intégration socioprofessionnelle. Ainsi, les sujets sont-ils amener à développer des logiques qui rendent compte de la conception de l'acteur social en tant qu'être agissant de manière autonome en fonction de ses dessins et de ses intentions. Bajoit (1997) apporte cette explication. Elle écrit : « l'être humain est un sujet quand il met en œuvre sa capacité de gérer les tensions entre ce que les autres attendent de lui et ce qu'il attend de lui-même, et qu'il se constitue ainsi en individu et acteur de la société »(p.14) . Cette conception du sujet implique différents éléments de socialisation :

- les attentes sociales mises en évidence (la sociabilité) ;
- la socialisation, processus inconscient qui fait aussi appel à la conscience de l'individu ;
- la conscience de l'individu qui lui permet de refuser de répondre aux attentes sociales, à partir desquelles il choisit de répondre en façonnant ses attentes personnelles ;
- la disparité entre les attentes sociales et ses propres attentes génère des tensions, à travers lesquelles, il met en pratique sa capacité de sujet, il justifie ses

choix en se référant aux normes, aux représentations qui lui dictent comment être sujet et acteur.

Cette gestion des contradictions correspondrait à la construction identitaire et de l'identité personnelle qui semblent être un résultat provisoire et évolutif. De ce fait, Bajoit a identifié trois sphères constitutives de l'identité personnelle :

- l'identité désirée, c'est-à-dire ce que l'individu voudrait être et devenir ;
- l'identité assignée, c'est-à-dire ce que l'individu pense que les autres attendent de lui, ce qu'il pense devoir faire pour être reconnu par les autres comme il voudrait l'être ;
- l'identité engagée, c'est-à-dire ce que l'individu est et devient, ce qu'il est en train de réaliser dans ses conduites, par ses actions, par ses relations, par ses logiques d'action.

L'objectif recherché est de concilier ces trois sphères identitaires, à savoir, avoir de l'estime pour soi-même et l'autre pour ce qu'on est engagé et ce qu'on fait de sa vie. Or, l'analyse de la gestion relationnelle de soi révèle que l'individu ne parvient pas toujours à atteindre ses trois aspects de l'identité personnelle. La construction de l'identité personnelle s'inscrit dans un effort permanent et continu, car l'individu à certains moments ressent toujours un sentiment d'incomplétude, d'insatisfaction et de souffrance que Bajoit appelle tension existentielle. La construction du soi professionnel, surtout dans un contexte marqué par un marché de l'emploi très étroit apparaît selon Okene (2013) pour la plupart des sujets comme une expérience spécifique dans la mesure où elle est rétrécissement du choix des possibles. Dans ce cas, l'individu renoncerait aux aspirations professionnelles qu'il préfère, quand il ne trouve pas ou n'imagine pas trouver d'opportunités professionnelles à ses aspirations.

DEMARCHE METHODOLOGIQUE

La gestion des tensions existentielles amène l'individu à reconstruire son identité personnelle et de façon continue en s'attachant à ses attentes identitaires (travail d'individualisation : construction de l'individu) et en s'engageant à les réaliser (travail de réalisation : construction de l'acteur). Le tableau qui suit résume le modèle que nous avons appliqué en laissant apparaître les logiques de l'acteur. Ce sont ces logiques qui ont fait l'objet de l'observation pendant les entretiens individuels avec les cinq cas de l'étude. En effet, selon Bajoit (1997), la construction identitaire représente une forte tension existentielle pour l'individu et favorise un repositionnement identitaire du sujet qui cherche à concilier les trois sphères identitaires (identité assignée, identité engagée et identité désirée) afin d'atteindre les sentiments de reconnaissance sociale, d'accomplissement personnel et de consonance existentielle. Dans ce but, le sujet est amené à travailler davantage sur l'une ou l'autre des sphères de son identité personnelle selon le type de tension induite dans la perspective de la quête de l'emploi.

Tableau 1 : Mode de gestion relationnelle du soi professionnel

Construction de l'identité professionnelle	Mode de gestion de soi professionnel	Type d'identité développée
Concilier reconnaissance professionnelle et accomplissement personnel	Travailler sur son besoin de reconnaissance	-Travailler sur son identité assignée ; -Travailler sur son identité engagée.
	Travailler sur son besoin d'accomplissement	-Travailler sur son identité engagée ; -Travailler sur son identité désirée.

Au regard des indicateurs du tableau 1 sur la conciliation entre reconnaissance professionnelle et accomplissement professionnel, la recherche a opté pour une approche compréhensive privilégiant les données qualitatives et, plus spécifiquement, pour le récit de vie thématique. Différent du récit de vie biographique qui s'intéresse à l'histoire de vie complète, le récit thématique se limite à une période précise de la vie des cinq cas. Cette approche a permis de découvrir non seulement les projets identitaires des cas en fonction de la lignée masculine ou féminine, mais aussi des stratégies qu'ils ont pues développer pour les réaliser en fonction des obstacles qu'ils ont rencontrés. L'analyse thématique qui en a suivi était l'analyse continue. Elle a consisté selon Paillé et Mucchielli (2003), en une démarche ininterrompue d'attribution des thèmes et simultanément de construction de l'arbre thématique. Ces thèmes ont été identifiés et notés au fur et à mesure de la lecture des contenus des entretiens, puis regroupés sous la forme de thèmes centraux. Pour faire partie de la population de l'étude, il fallait présenter les caractéristiques que nous résumons dans le tableau 2 qui suit .

Tableau 2 : Caractéristiques des participants

Cas	Genre	Age	Statut matrimonial	Profession de la mère	Profession du père	Filière universitaire de base
Evi	Féminin	34 ans	Mariée	Enseignante	Enseignante	Droit
Palu	Féminin	33 ans	Mariée	Finance	Avocat	Sciences politiques
Raph	Féminin	31ans	Mariée	Banque et monnaies	Médecin	Droit
Tely	Masculin	34ans	Marié	Impôts	impôts	Droit
Julio	Masculin	32 ans	Marié	Contrôleurs	Administration générale	Sciences économiques

Les cas de l'étude appartiennent à la tranche d'âge se situant entre 30 et 35 ans. Cette tranche d'âge se situe au stade de l'établissement selon Super repris ici par Guichard et Huteau (2007). A ce stade (25-44ans), l'individu qui a retrouvé un secteur d'activité qui lui convient s'emploie à se faire une place permanente, à se stabiliser et peut rechercher l'avancement ou la promotion. Les données de la population semblent indiquer que les participants à la recherche sont à la quête d'une position professionnelle stable. Ce sont des sujets encore en situation de formation.

2. PRESENTATION DES RESULTATS

La recherche s'est penchée sur la dynamique du discours et plus précisément l'influence-facilitatrice ou inhibitrice du discours du cas. Pour parvenir à évaluer cette influence, le travail a consisté à relever les éléments pertinents du discours du cas qui influencent de manière récurrente l'orientation comportementale dans le choix du métier. Il fallait ensuite vérifier la nature de cette influence et la présenter en termes d'arbre thématique laissant apparaître les formes d'identité mises en évidence dans le discours du cas.

2.1 TRAVAILLER SUR SON BESOIN DE RECONNAISSANCE

Trois types de sujets peuvent être repérés ici : le sujet conformiste, le sujet adaptateur et le sujet rebelle au travers de la forme d'identité assignée.

Tableau 3 : Arbre thématique de la rubrique : *« identité assignée »*

Rubrique	Sous rubrique	Verbatim
Identité assignée	**Sujet conformiste**	*Je leur ai dit que je ne voulais pas me frotter à tout ce qui concerne l'enseignement et ils me disaient que c'est une bonne filière de formation, on n'y enseigne pas. Et ils me donnaient des exemples à l'appui en me présentant des modèles (...) J'ai compris que c'était un travail d'assistance, c'est-à-dire que ça n'avait rien à voir avec ce que je pensais. Pas trop de contraintes comme chez les enseignants, pas d'évaluations, pas de copies à corriger. Juste des sessions de formation à préparer (...) Et je vous assure que depuis que je suis dans cette filière de formation, beaucoup parmi eux m'appellent pour demander conseils.* (Julio).
	Sujet adaptateur	*C'est vu le temps et les années aussi qui passaient que je me suis intéressé à la filière conseillers d'orientation, puisque celle-ci me permettait de faire le concours au niveau licence. C'est un peu comme ça que je me retrouve dans la filière conseillers d'orientation. Et puis, quel que soit le contenu de ce concours, j'étais prête à entrer dans une école où tout prix* (Evy).

Deux formes d'identité apparaissent suivant la distribution : le conformisme (éviter les critiques en se soumettant aux exigences sociales) et l'adaptation (adopter une attitude plus nuancée entre conformisme et rejet des attentes sociales). On s'aperçoit que la logique qui est mise en exergue, c'est celle relative à l'intégration sociale des cas. Dans cette perspective, il ressort que les cas (Julio et Evy) de l'étude intériorisent des appartenances sociales. Ces appartenances sont accomplies et renforcées à travers l'identification à des individus, à des modèles, de rôles et le développement des conduites correspondantes. Julio explique :

Je faisais le concours de l'ENAM mais sans succès et en 2010, je me suis retrouvé licencié et mis à la porte pour des raisons que je ne vais pas évoquer ici. Alors avec l'âge qui passait, j'étais déjà à la limite d'âge 32 ans et il faut le rappeler ici que entre-temps je me suis marié et avec déjà deux enfants sous ma charge. Il ne me restait plus qu'une seule option : les conseillers d'orientation. J'ai jugé important d'aller essayer vu que j'étais à ma dernière année de concours. Je me suis dit autant mieux aller essayer et puis voir ce que ça va donner (...) vraiment il faut être clair c'est un choix qui s'est imposé à moi. Compte tenu du critère âge dont je vous ai parlé. C'est un peu comme ça que je me suis retrouvé devant un fait accompli comme le disait un ancien ministre : « quand vous êtes en train de vous noyer vous attrapez même la queue du serpent pour sortir de là ».

L'explication que le cas donne est le signe de la méconnaissance voire de la dévalorisation de soi, ainsi que d'un manque d'informations sur les réalités du monde du travail, ainsi que sur les choix de formation et les carrières possibles, toutes choses pouvant entraîner une absence de projet d'avenir, une démotivation. Dans cette logique, les cas finissent par se conformer aux réalités sociales qui prévalent dans leur environnement pour faire le choix d'une carrière. Cela passe nécessairement par l'adaptation de leur concept de soi à cet environnement professionnel. Julio reconnaît que ce sont ses amis qui lui ont dit que le concours pour devenir conseiller d'orientation est ouvert à toutes les licences. C'est un changement d'aspiration qui l'a obligé à s'intégrer puisque c'était la seule chose qu'il aurait pu faire. En revanche, Evy semble adopter une attitude plus nuancée entre conformisme et rejet des attentes sociales. Elle raconte :

J'ai eu mon Bac en 2004 et je me suis inscrite à l'université de Yaoundé II où j'ai choisi de faire le droit ; c'est là où je peux parler de choix. Puisque depuis mon enfance j'ai toujours voulu être magistrat, je pensais faire des études de droit, alors dès que j'ai eu mon Bac j'ai dit à mes parents que moi je veux faire le droit. Pourtant ma maman voulait que je fasse la philosophie parce que elle-même est professeur de philosophie, elle pensait m'encadrer, mais moi j'ai choisi le droit.

Le texte laisse apparaître un conflit entre les aspirations de la jeune Evy et celles de sa mère. On s'aperçoit que le choix des filières universitaires n'a pas été approuvé par la mère. Le cas se demande s'il doit reproduire dans son choix la profession de sa mère. Evy ne suit pas aveuglement les consignes de sa mère, elle s'oriente en fonction de ses aspirations professionnelles. Ce choix professionnel est différent du choix initial (choix idéal). Evy réalise un compromis avec sa mère en choisissant comme carrière professionnelle l'orientation-conseil, profession proche, visiblement de celle de sa mère. Il apparaît que les acteurs sociaux font des choix consciemment ou inconsciemment qui relèvent de la familiarité avec la profession des parents. En effet, on a pu observer que la construction de la carrière relève du principe de conditionnement des parents. Les parents ont tendance à s'imposer dans les choix des acteurs. Le facteur décisif qui a orienté et déterminé la carrière n'est pas toujours le genre, ni le soi individuel, mais davantage la complexité du marché de l'emploi.

2.2 TRAVAILLER SUR SON BESOIN D'ACCOMPLISSEMENT

Dans cette rubrique, deux formes d'identité ont fait l'objet des analyses : l'identité engagée et l'identité désirée. A travers la première rubrique, la recherche a reposé sur trois orientations comportementales : la persuasion qu'il faut continuer et aller jusqu'au bout de ses choix, l'adoption d'un comportement plus nuancé entre conservateur et innovateur et l''acceptation de tout recommencer à zéro et repartir sur de nouvelles bases. En ce qui concerne la deuxième rubrique, il y a lieu d'insister sur les orientations suivantes : s'assumer comme un être social résigné à se tenir à la disposition des autres, adopter une attitude plus nuancée entre altruisme et authenticité et chercher à vivre le plus conformément possible à ses désirs et envies.

Tableau 4 : Arbre thématique de la rubrique : *« identité engagée »*

Identité engagée	Sujet conséquent ou conservateur	*Je voulais travailler à la fonction publique même étant à la SONEL. J'étais bien payer mais le privé n'étant pas une garantie je voulais accéder à la fonction publique* (Cas Ralph).
	Sujet pragmatique	*C'est vrai qu'au départ je me demandais si je serai à la hauteur d'assumer ce choix. A la fin de la formation je me trouve compétente pour exercer le métier de C.O. Il faut le dire, l'emploi n'est pas facile au Cameroun, l'âge limite des concours se rapprochant je me suis retourné vers l'ENS pour faire le concours des conseillers d'orientation donc ce choix s'est imposé à moi en quelque sorte.* (Cas Palu).

En examinant les données du tableau 4, on s'aperçoit que deux types de sujets émergent : le sujet conséquent ou conservateur et le sujet pragmatique. Dans le premier cas, c'est Ralph, qui est persuadé qu'il faut continuer et aller jusqu'au bout de ses choix en dépit des privilèges et avantages qu'il a dans une entreprise dans le secteur privé. Il explique :

> *Le Cameroun nous montre une autre réalité. Ce qu'on trouve, on fait même si on est bien payé avec un bon statut. J'étais employé à la Sonel. Mais là-*

bas il n'y a pas de garanti, car le licenciement peut survenir à tout moment. C'est pour cela que j'ai toujours souhaité être fonctionnaire pour avoir la sécurité sociale.

Contrairement à Ralph, Palu semble plus pragmatique, c'est-à-dire qu'il adopte une attitude plus nuancée et donne même des signes d'un sujet innovateur, c'est-à-dire d'un sujet qui accepte de tout recommencer et de repartir sur de nouvelles bases. Il explique :

Je vais vous dire. Je vous avoue que j'avais une motivation autre que tout ce que vous me citez là. Ce n'était pas parce que j'aime trop la recherche, ou parce que je veux découvrir. C'était juste parce que j'avais un besoin, le besoin d'être active, de servir, d'être utile à la société. Ce qui m'a motivé c'est ça et rien d'autre. Ce choix m'a été imposé par les conditions de travail de notre environnement économique. Parce qu'il n'allait pas de soi que dès que tu as une licence, une maîtrise/master comme c'est mon cas, automatiquement tu devenais magistrat. Non j'ai compris que ça n'allait pas de soi. Donc je peux vous dire sincèrement que ce choix m'a été imposé par notre environnement socioéconomique marqué par la rareté de l'emploi.

Il ressort ici que les choix des acteurs sociaux relèvent des multiples possibilités d'espérance (d'insertion professionnelle) dont disposent les sujets dans un domaine de profession précis. On a pu observer que la construction de la carrière relève du principe de flexibilité et non pas exclusivement du genre. En effet, le contexte socioprofessionnel, a tendance à s'imposer dans les choix des acteurs qui procèdent alors à une adaptation à un environnement évolutif et incertain. Le facteur décisif qui a orienté et déterminé la carrière n'est pas toujours le soi individuel mais le contexte socioprofessionnel.

Tableau 5 : Arbre thématique de la rubrique : ***« identité désirée »***

Sujet stratège	*Il faut rappeler que ce n'était pas la première fois en 2013 quand je réussis à ce concours (...) j'étais dans une compagnie d'assurance dont je vais taire le nom (...) Il faut dire ici que j'étais à la recherche d'un emploi et l'idéal pour c'était que ce soit dans la fonction publique, pour pouvoir suivre mon mari n'importe où.* (Cas Tely).
Sujet authentique	*J'avais un élan pour les métiers du sociales. Et pour moi les métiers les plus connus dans le sociale étaient assistante sociale qu'après mon bac A4 j'avais souhaité aller m'inscrire à Ngoa-ékelle pour faire de la psychologie ou de la sociologie (...) Lorsque j'ai eu ma maîtrise en droit, je renonce à être avocat parce que c'est un métier qui ne correspond pas à ma personnalité.* (Cas Ralph).

L'analyse des données concernant l'identité désirée a permis d'identifier deux types de sujets : le sujet stratège, sujet susceptible d'adopter une attitude plus nuancée entre altruiste et authenticité et sujet authentique, celui-là qui cherche à vivre le plus conformément possible à ses désirs et envies. Dans cette perspective, deux cas émergent à travers leur discours : Tely et Ralph. Ces cas se caractérisent par leur capacité de compromis, c'est-à-dire qu'ils se manifestent dans l'expression d'une distance critique vis-à-vis des rôles sociaux et des intérêts qu'ils poursuivent. Tely explique par exemple :

> *Il faut rappeler que ce n'était pas la première fois en 2013 quand je réussis à ce concours. J'étais dans une compagnie d'assurance dont je vais taire le nom. Il faut dire ici que j'étais à la recherche d'un emploi stable. L'idéal était que ce soit dans la*

fonction publique, pour pouvoir suivre mon mari n'importe où.

La logique mise en œuvre est le pragmatisme. Le cas privilégie un objectif professionnel correspondant à ses possibilités. Le cas apporte de nouveau cette argumentation. On s'aperçoit que les préférences antérieures plus ambitieuses sont présentées soit comme infantiles, soit comme des projets dont on a été contraint de faire le deuil. Aussi différents processus de rationalisation sont alors mis en œuvre. Tely raconte :

Parce qu'il n'allait pas de soi que dès que tu as une licence, une maîtrise/master comme c'est mon cas, automatiquement tu devenais magistrat. Non j'ai compris que ça n'allait pas de soi. Donc je peux vous dire sincèrement que ce choix m'a été imposé par notre environnement.

Ralph se situant dans cette logique de rationalisation apporte cette explication :

J'ai l'âge de justesse. En effet, j'avais le diplôme requis et il n'y avait pas d'autres perspectives d'emploi que d'entrer à la fonction publique. Vous comprenez pourquoi je fais ça à la dernière minute juste parce que je n'avais plus de choix. Et il fallait bien avoir une sécurité sociale, un matricule donc c'est comme çà.

Il ressort que la structure de soi joue un rôle majeur dans la symbolisation des expériences vécues par l'individu. Trois perspectives émergent des discours des cas : certaines expériences sont symbolisées et organisées en relation avec le soi (Tely) ; d'autres, sans rapport avec la structure de soi, sont ignorées (Ralph et Tely) ; d'autres enfin ne peuvent être symbolisées ou le sont d'une manière déformée (Ralph). Plus ces expériences non symbolisées ou symbolisées de manière erronée sont nombreuses, plus la structure de soi perd de sa fluidité et se rigidifie et plus le malaise de l'individu s'accroît. En fait, l'analyse révèle que les logiques d'action des sujets alternent pragmatisme, expectative ou attente inquiète, rationalisation et résignation. Le tableau qui suit illustre les modes de gestion dont les sujets font montre.

Tableau 6: Différents registres dans lesquels les participants se déploient

Logiques du sujet		
Logiques du sujet (modes de gestion relationnelle de soi)	Modes de gestion du contrôle socio-culturel **Hétéronomie**	Modes de gestion du contrôle socio-culturel **Autonomie**
Modes de gestion des attentes identitaires **Renoncer et changer** (composer avec le social)	**Sujet adaptateur** (Evy, Julio)	**Sujet innovateur**
Modes de gestion des attentes identitaires **Persister** (s'imposer au social)	**Sujet instrumental** (Palu)	**Sujet critique** (Ralph, Tely)

L'analyse des différents registres dans lesquels les participants à la recherche se déploient révèle que la construction de l'identité professionnelle est déterminée non pas par la lignée masculine ou féminine, mais bien plus par la nature des épreuves socialement conditionnées qu'ils rencontrent. Les participants se tiennent dans la critique et la réflexivité dans la recherche d'une authenticité qui ne parvient pas à s'accomplir dans la mesure où ils vivent dans d'autres registres d'action. La recherche offre alors une topographie différentielle de la construction de l'identité professionnelle avec des modes de gestions et attentes spécifiques. Il faut composer avec le réel (l'identité est définie comme intériorisation des appartenances : Evy, Julio) ou s'imposer au social (les actions visent, d'une part, à maximiser les chances du sujet : Palu, d'autre part, prennent la forme d'une interprétation de son expérience en référence à ses aspirations et aux obstacles du marché de l'emploi : Ralph, Tely).

3. DISCUSSION ET CONCLUSION

Peut-on expliquer la complexité du genre et ses dissonances à partir de la multiplication et de la convergence d'une variété d'identifications culturellement dissonantes ? Toute identification est-elle construite en référence à l'ensemble des facteurs et processus (sociaux et individuels) permettant à un individu d'orienter son existence et ainsi de tenter de se faire ce qu'il est à ses yeux et aux yeux des autres à un moment donné ? Cette recherche offre des versions concurrentes de la manière dont les identifications professionnelles se construisent au Cameroun par les diplômés de l'enseignement supérieur. Les jeunes diplômés ne parviennent pas à bâtir un projet professionnel du fait qu'ils sont mal informés, non par manque d'informations, mais parce qu'ils assimilent peu l'information fournie, ce qui introduit de nombreux stéréotypes et des rigidités dans les représentations des formations comme dans celles des professions.

En référence aux travaux de Bajoit (1997), il est démontré que la construction de l'identité professionnelle est déterminée par la conciliation entre la reconnaissance professionnelle et l'accomplissement personnel. Le débat mené jusqu'à présent sur cette question n'a pas vraiment permis de déterminer comment cette conciliation se réalise. Les situations de choix sont extrêmement diverses dans leur complexité et dans leurs enjeux. On imagine bien que de telles situations aussi diverses sollicitent des processus également divers. Or, ce n'est pas évidemment le cas dans cette recherche. On s'aperçoit que les jeunes diplômés ne parviennent pas à articuler l'espace des possibles et celui des probables. On assiste de ce fait à des trajectoires de rupture car les moyens et les fins n'y sont pas congruents. Parmi les principaux éléments à considérer, il faut mentionner l'aptitude à planifier, l'exploration, l'information, la prise de décision et l'orientation vers la réalité.

RÉFÉRENCES BIBLIOGRAPHIQUES

Bajoit, G. (1997). Qu'est-ce que le sujet ? G. Bajoit, E. Belin (sous la direction de), *Contributions à une sociologie du sujet*.113-130.

Blanchet, A., & Gotman, A. (2010). *L'entretien : L'enquête et ses méthodes*. Paris : Armand Colin.

Boudon, R. (1973). *L'inégalité des chances: la mobilité sociale dans les sociétés industrielles.* Paris : Armand Colin.

Carra, G. (2005). The reciprocal interaction of NK cells with plasmacytoid or myeloid dendritic cells profoundly affects innate resistance functions. *The Journal of Immunology, 174*(2), 727-734.

Dubet, F. (1995). Sociologie du sujet et sociologie de l'expérience. F. Dubet, M. Wieviorka (éd.), *Penser le sujet.* Colloque de Cerisy, *Autour d'Alain Touraine* 103-121.

Dubet, F., et Martuccelli, D. (1998). Sociologie de l'expérience scolaire. *L'Orientation scolaire et professionnelle*, 27, 169-187.

Gazier, B. (dir.) (1999). *Employability. Concepts and Policies*. Berlin : Institute for Applied Socio-Economics (IAS).

Guichard, J., et Huteau, M. (2007). *Orientation et insertion professionnelle-75 concepts clés : 75 concepts clés*. Paris : Dunod.

Mc Fadden, A., et St-Pierre, P., (2008). *L'approche orientante sur le chemin du renouveau pédagogique*. Commission Scolaire Harricana.

Fozing, I.(2009). Extension des établissements scolaires publics au Cameroun : coût/efficacité et incidence sur le développement éducatif. *EDUCI/ROCARE* (9), 168-180.

MINEPAT (2009). *Cameroun Vision 2035*. (Inédit).

MINEPAT (2013). *Document de Stratégie du Secteur de l'Education et de la Formation.* (Inédit)

MINESEC. (2009). *Cahier des charges du Conseiller d'orientation scolaire du Cameroun.* Yaoundé : Ministère des Enseignements Secondaires du Cameroun, (Inédit)

MINESUP (2007). Circulaire ministérielle n° 07/0003 MINESUP/CAB/IGA/du 19/10/2007, portant dispositions relatives au cadrage du LMD.

Okene, R.(2013). *L'orientation des jeunes en Afrique*. Paris : l'Harmattan.

Paillé, P. et Mucchielli, A. (2003). *L'analyse quantitative en Sciences humaines et sociales*. Paris : Armand Colin.

République du Cameroun (2001). Loi de l'orientation de l'enseignement supérieur du 16 avril 2001. (Inédit).

EDUCATION, CULTURE ET AUTONOMISATION DE LA FEMME : LE CAS DE LA DOT CHEZ LES BETI DU CAMEROUN

Par Paul Thierry Elobo (Ph D. Professeur d'Ecole Normale d'Instituteur. paulthierry_elobo@yahoo.fr).

RESUME

Bien que la société camerounaise se soit engagée à promouvoir l'autonomisation de la femme, cette volonté risque de demeurer un vœu pieux si des mesures fortes ne sont pas prises dans le but d'éradiquer toutes les pratiques dégradantes, traditionnelles ou modernes, dont celle-ci est encore victime et qui empêchent littéralement son émancipation. La réflexion menée dans le cadre de cette contribution insiste sur la pratique de la dot chez les Beti et s'appuie sur l'objectivation dont souffre la femme dans ce processus pour proposer, sinon une suppression pure et simple de ce phénomène, tout au moins sa reconsidération dans un sens qui puisse garantir les intérêts de la femme, car si celle-ci doit devenir autonome, c'est d'abord en lui assurant le respect de sa dignité comme personne humaine. Dans ce sens, l'éducation, qui se conçoit avant tout comme un processus de transformation des mentalités, devra jouer un rôle de premier choix.

Mots clés : Femme, autonomisation, culture, dot, objectivation, dignité humaine, droits de l'homme.

ABSTRACT

If the Cameroonian society is committed in promoting autonomy of the woman, this aspiration risk remaining an empty promise if serious measures are not taken with the aim of eradicating all the humiliating traditional or modern practices, of which she is a victim and which literally prevent her emancipation. Reflection carried out within the framework of this study focuses on the practice of the dowry amongst the Beti and relies on the objectivation which the woman suffers in the process in order to request total suppression of this phenomenon, because if the woman must be autonomous, it is first by guaranteeing respect of her dignity like a human being.

Key words: Woman, autonomy, culture, dowry, objectivation, human dignity, human rights.

INTRODUCTION

Depuis la Conférence de Beijing (1995), l'autonomisation de la femme c'est-à-dire sa capacité à faire des choix libres, à se considérer comme un sujet pouvant prendre ses propres décisions dans le but de se projeter dans l'espace public, est présentée comme un idéal à atteindre par les différentes sociétés de notre temps. C'est dire qu'au-delà de tout, la Conférence de Beijing s'est d'abord voulue une invitation pour chaque société à se regarder dans le miroir pour examiner, avec lucidité et dans un esprit de dialogue, la place qu'elle accorde à la femme en son sein, étant donné que c'est la société qui décide en définitive de la sacralité ou de la servitude de la femme, de sa liberté ou de son oppression (Piettre, 1974).

Dans le but d'améliorer la vie des populations à travers le monde et notamment des femmes, les chefs d'Etats et de gouvernements des pays membres de l'ONU ont adopté officiellement, à l'occasion du Sommet sur le développement durable tenu à New York en 2015, un nouveau programme de développement durable contenant 17 objectifs à atteindre à l'horizon 2030 et parmi lesquels figure en bonne place l'égalité des sexes. Et c'est ce thème, faut-il le rappeler, qui a été retenu sur le plan national pour nourrir la réflexion de la communauté toute entière lors de la célébration de la journée internationale de la femme du 8 mars 2016.

En effet, il va de soi que si chaque société se construit autour d'une culture qui lui est propre, il est néanmoins difficile de parler d'autonomisation de la femme sans poser comme préalable l'existence d'une égalité foncière, ontologique entre elle et son homologue masculin. Le problème se corse alors et prend une dimension toute particulière lorsqu'on sait que dans de nombreuses cultures et en l'occurrence dans la culture beti[20], l'égalité entre l'homme et la femme ne va pas toujours de soi et qu'il n'est pas rare, dans ce contexte, de réduire la femme au statut de bien commercialisable. Mais si de plus en plus, au niveau étatique, l'élaboration du droit positif prend en considération la question du statut de la femme et que des mesures politiques sont prises au plus haut niveau pour renforcer la participation de cette dernière dans tous les secteurs de la vie publique et politique, il reste que certains aspects des cultures traditionnelles, qui participent à l'organisation de la vie sociale et qui tiennent la femme sous domination, sont souvent laissés de côté continuant ainsi d'influencer, parfois d'une manière que l'on peut qualifier aujourd'hui de négative, les comportements des gens.

Il en est ainsi du phénomène de la dot, qui reste une pratique coutumière encore en vigueur chez les Beti, dans la mesure où elle symbolise le mariage traditionnel et qu'il est difficile pour une famille respectant la « tradition » de voir marier sa fille sans avoir perçu la contre-partie nécessaire. Et rares sont les jeunes femmes qui peuvent prétendre se marier sans avoir convaincu leur fiancé de sacrifier à la coutume de la dot alors même que celle-ci n'est pas du tout considérée comme un empêchement diriment au mariage par le droit positif du pays. Comme l'écrit Chemain Degrange,

> *Nous ne connaissons qu'un seul cas d'une femme « évoluée » qui s'est absolument opposée à ce que soit*

[20] Au Cameroun, les Beti vivent essentiellement dans les régions du Centre et du sud et sont constitués des Etons, Manguissa, Ewondo, Mvele, Fang, Ntumu.

> *versée une quelconque dot, lors de son mariage. La plupart des jeunes filles [...] acceptent que leur amoureux s'acquitte de cette dot, sans laquelle elles se sentent insuffisamment considérées par leur famille, leur belle-famille et leurs amies* (1980 : 145).

Vue sous cette lucarne, la dot est vécue comme ce qui élève la jeune fille auprès de sa famille, de son futur époux et de sa belle-famille ; elle est ce sans quoi elle ne saurait bénéficier de tout le respect qui devra l'accompagner dans sa vie future d'épouse et de mère. Et la tendance est souvent de comparer le degré d'amour unissant le fiancé à sa fiancée à la hauteur de l'offre constituant la dot versée à la famille de cette dernière, de telle sorte que plus le fiancé consent à verser une dot élevée, plus la jeune femme se sentira aimée. On dirait même que « la jeune femme accepte que l'on paie pour montrer que l'on tient bien à elle » (*Ibid.* : 145). La dot est vécue par elle comme une preuve d'amour du fiancé.

Mais contrairement à cette conception des choses et eu égard aux abus dont sont victimes les jeunes, nous postulons dans cette réflexion et sur la base du principe intangible du respect de la dignité humaine découlant de la philosophie des droits de l'homme, que la dot telle qu'elle est pratiquée chez les Beti du Cameroun, peut être rangée parmi les mécanismes culturels qui aliènent la femme et qui limitent par le fait même son processus d'autonomisation en la maintenant dans l'étau de la domination masculine, puisqu'elle apparaît en définitive comme la conséquence logique de l'absence de statut dont était victime la femme au sein de la culture beti traditionnelle. En le disant autrement, la coutume de la dot ou le mariage dit traditionnel est pour la jeune fille le lieu de la construction d'une identité ou d'une image de soi en soi inférieure qui contribue à la maintenir sous la domination de son homologue masculin tout en inscrivant au fond de sa conscience l'image de l'être inférieur qu'elle représente pour la société et pour son futur époux. Il nous semble donc que c'est seulement lorsque la jeune fille pourra dire : « je suis une femme et je refuse la dot », qu'elle enclenchera la mise en route de l'une des dimensions fondamentales de son processus d'autonomisation.

Notre réflexion, qui se veut à la fois analytique et critique, sera organisée en trois étapes. Quelques remarques, d'abord, sur le statut de la femme dans la culture africaine traditionnelle. Nous essayerons de montrer que la culture africaine a souvent considéré la femme comme un être sans dignité et inférieur à l'homme, son homologue masculin. Nous aborderons ensuite la question de la dot chez les Beti. Nous montrerons que nous sommes là en face d'une pratique coutumière très prisée et qui met en exergue un ensemble de situations dont le fonds commun réside dans la considération communautaire de la femme comme un être inférieur, un objet de transaction. Nous terminerons, enfin, en esquissant les prémisses d'un processus d'autonomisation véritable de la femme camerounaise. Nous montrerons alors qu'à notre sens, la dot peut devenir un lieu d'autonomisation de la femme si la culture beti reconnaît une égale dignité à l'homme et à la femme et si finalement la culture est saisie comme une donnée humaine et historique susceptible de s'auto-interpréter en fonction des époques et des contextes. C'est ici que l'éducation devra jouer son rôle de processus appelé à transformer les mentalités et les comportements.

I- LA FEMME DANS LA CULTURE AFRICAINE TRADITIONNELLE

De manière générale, la vie de la femme dans la culture traditionnelle africaine comme dans la culture beti est très souvent apparue comme une vie marquée à la fois par le sacrifice, la soumission et le labeur à l'égard de la tradition et des mâles. Et plusieurs indices puisés dans la littérature africaine témoignent à suffisance de cette réalité tout à fait dramatique. Nous essaierons donc de clarifier cette situation en nous appuyant sur Chemain Degrange, dont le livre, *Emancipation féminine et roman africain*, décrit de manière tout à fait exemplaire le thème de l'image de la femme noire avant et après les indépendances.

D'abord le sacrifice. Dans son roman *Doguicimi*, publié en 1938 et qui se présente comme un tableau faisant revivre la société dahoméenne sous le règne de Guézo cinquante ans avant la colonisation, Hazoumé montre comment la jeune fille est souvent appelée à faire l'objet de sacrifices humains. Si Doguicimi, l'héroïne principale du roman, épouse du prince héritier Toffa, accepte de subir des épreuves pour épauler son mari engagé dans une guerre contre le royaume voisin à laquelle il ne survivra pas, elle choisira tout de même, par respect et fidélité à l'esprit de son défunt époux dont elle vengea après tout la mémoire à la suite d'une seconde guerre victorieuse, de se faire enterrer vive dans la tombe de ce dernier. Mais comme l'écrit Chemain Degrange « ce n'est pas par féminisme que l'auteur (Hazoumé) choisit d'illustrer les qualités de Doguicimi. Son sacrifice mortel est la preuve majeure de son asservissement à l'époux » (Chemain Degrange, *op. cit.* : 29-30).

Dans la tradition dahoméenne que décrit Hazoumé, les femmes, qu'elles soient servantes ou reines ne s'appartiennent pas à elles-mêmes. Elles dépendent premièrement de l'autorité royale et en second lieu seulement de l'autorité du père ou de l'époux. Et toute une littérature, faite de chants, récits, proverbes et préceptes moraux les préparent à accepter leur sort, à se sentir heureuses d'être raptées ou de subir l'immolation. Compte tenu de cet état de choses, les femmes apparaissent comme les sujets les plus appréciés pour les sacrifices humains. « Plus elles sont belles, plus elles sont recherchées pour subir cette mort » (*Ibid.* : 30). Et quand on sait que dans la tradition dahoméenne les sacrifiés, dont le rôle est de porter aux morts les messages des vivants, sont le plus souvent choisis parmi les prisonniers, les esclaves, les sujets déchus ou les jeunes filles distinguées pour leur virginité et leur grâce (*Ibid.*), on comprend que la femme dans cette civilisation est simplement assimilée aux gens sans statut dont le destin final sera soit d'être sacrifiées, soit d'être retenues comme esclaves ou servantes, soit d'être données en récompense comme épouses à des hauts dignitaires, soit alors d'être éduquées comme guerrières.

Ensuite la soumission. Dans la culture traditionnelle africaine, ainsi que le souligne Coquery Vidrovitch, la femme devait être soumise à son époux et l'éducation qu'elle recevait devait la préparer à jouer ce rôle. « On leur enseignait, écrit-elle, depuis leur plus jeune âge, à ne pas parler en public, à ne jamais adresser la parole en premier à un homme ni à le regarder dans les yeux (ce qui serait effronté ou insolent), à communiquer tout bas et discrètement » (citée par Pallante, 2005 : 53). Cette réalité de la femme soumise, assujettie est aussi décrite par Hazoumé dans son roman historique lorsqu'il présente des reines humiliées par le roi, marchant vers lui à reculons, se couvrant la tête de poussière pour lui parler, respectant la loi du silence et châtiées à la moindre infraction aux règles (Chemain Degrange, *op. cit* : 35). Et ce n'est pas la colère du prince Toffa remonté contre les reines intrigantes qui ont poussé son père à prendre l'option de la guerre qui épargnera à la femme d'être vue comme une simple chienne. « … Tout comme des nattes, les femmes ne méritent ni égard ni confiance. Neuves ? Les nattes composent notre coucher. Usées ? Il faut les envoyer au dépotoir. (…) Chiennes à sept paires de côtes (…) Chiennes créées pour être soumises à la volonté des hommes » (Hazoumé, cité par Chemain Degrange, *Ibid.* : 37).

Le même cérémonial de soumission est décrit dans le *Dramouss* de Camara Laye où les femmes servent les hommes un genou à terre, mangent à part sans être autorisées à prendre part aux discussions.

> *Nos rires, écrit-il, réveillèrent Mimie, qui bientôt rejoignit à la cuisine le groupe de mes sœurs et de mes petites sœurs. Au bout d'un instant, elle reparut, portant cette fois un plat de bouillie. Lorsqu'elle l'eut posé devant nous, presque à genoux, pour témoigner de son respect à l'égard de mon père, son beau-père, elle fila, à pas feutrés, en direction de la cuisine, pour reprendre place parmi mes sœurs et petites mères* (1966 : 119).

Autant dire que dans la tradition africaine, même les règles de politesse ne sont pas neutres et peuvent, dans certains cas, travailler à inféoder la femme à l'homme.

Enfin le labeur. L'image de la femme laborieuse, assimilée à une bête de somme n'est pas non plus étrangère à la littérature africaine. Et le fait de les saisir en travail à la limite de leurs moyens physiques, constitue, s'il en était encore besoin, une preuve de plus de l'état de servitude dans lequel elles se trouvent. Chez Oyono, l'essentiel du travail féminin est constitué par le portage qui exige des jeunes filles des efforts énormes qui finissent très souvent par provoquer chez elles des déformations physiques. En effet, dans une région et à une époque où des moyens de transport modernes sont quasi inexistants, la femme est réduite à tenir le rôle d'une bête de somme. Comme l'écrit Oyono, décrivant le calvaire de la paysanne Amalia, dans *Le vieux nègre et la médaille*, « elle marchait comme si elle avait eu des ailes. Son panier niché dans l'angle que formait son dos avec sa croupe arrondie, elle fonçait devant elle, sans effort, les mains derrière la tête, baissée comme un âne docile » (1956 : 78). Pour Oyono, la vie de la paysanne est faite d'efforts rudes et répétés, et il ne cesse tout au long de son roman d'abreuver le lecteur de portraits réalistes de femmes aux prises avec l'effort.

> *Amalia était en nage. A force de donner des coups de reins pour remonter son panier, sa robe avait remonté jusqu'à ses cuisses moites qui luisaient au soleil comme si on les eût ointes d'huile. La sueur qui ruisselait sur son front tombait sur sa lèvre supérieure et coulait jusqu'aux commissures de sa bouche. Amalia soufflait alors comme un chat en bataille* (*Ibid.* : 91).

L'exploitation gratuite du travail féminin sera aussi durement fustigée par Mongo Beti qui compare, dans *Le pauvre Christ de Bomba,* la paysanne à une machine idéale. Il écrit :

> *La femme indigène, la petite femme noire si docile, quelle machine idéale. Pas besoin de la graisser, pensez donc. [...] Elle s'entretient toute seule, retenez-le bien, toute seule. Surtout n'allez pas la sortir du garage le matin ; quelle idée stupide. Non, elle s'amènera toute seule et vous dira : Donnez-moi donc du travail à faire* (1956 : 347).

Comme on peut le voir, la vie de la femme dans la culture africaine traditionnelle, semble donc marquée par une absence de statut visant à faire d'elle un sujet de droit. La femme n'a pas de valeur en elle-même en tant qu'être humain, elle n'a pas de dignité en soi mais est toujours considérée par rapport à ce qu'elle peut ou ne peut pas faire. Ainsi, si la femme peut être appréciée pour sa capacité à produire des richesses par son travail et à reproduire des enfants pour garantir la continuation du lignage, elle n'hérite pas, mais très souvent, fait partie des biens à hériter. Chez les Beti, par exemple, ainsi que l'écrit Mvogo, « la femme était considérée comme un bien meuble que l'on pouvait acheter, prêter, jouer » (cité par Pallante, *op. cit.* : 54).

Si aujourd'hui il est évident que le contexte dans lequel nous vivons a connu des évolutions positives par rapport à la question de la femme et que, par exemple, la plupart des textes internationaux relatifs aux droits humains et dûment ratifiés par notre pays tendent désormais à accorder les mêmes prérogatives aux hommes et aux femmes, on peut encore néanmoins observer chez certains peuples des coutumes ou pratiques dégradantes qui mettent à mal la dignité de la femme. Autant dire que dans notre contexte actuel, les femmes font encore face à des relents de traditionalisme tenaces qui travaillent sournoisement, comme une tumeur maligne, à les maintenir à un statut d'êtres inférieurs.

II- LA DOT CHEZ LES BETI

Mais peut-on penser que la dot, telle qu'elle est vécue par les Beti, puisse faire partie de ces mécanismes qui traitent la femme comme une cadette sociale en la maintenant sous la domination masculine ? Autrement dit, y' a-t-il des raisons valables qui poussent à considérer que la dot soit un processus d'infériorisation et d'aliénation de la femme ? Il convient, pour y répondre, de décrire même à grands traits, la pratique de la dot chez les Beti.

Dans son livre *Des us et coutumes de nos ancêtres*, Atangana (2010) se propose de réveiller la conscience des jeunes Beti, qui semblent tourner le dos à leurs valeurs de civilisation, en mettant à leur disposition des informations relatives à un certain nombre de pratiques ancestrales qui restent cependant d'actualité. Si l'importance d'une telle réflexion n'est plus à démontrer, on peut cependant regretter le manque de recul critique dont fait preuve son auteur et qui le conduit à présenter les choses de manière assez nostalgique, comme si la vérité avait fait du passé sa lie, comme si le contexte d'aujourd'hui, avec ses contraintes, était resté identique à celui de nos ancêtres. Et lorsqu'on sait que toute culture est fille de son temps et de son contexte, on ne peut s'empêcher de s'interroger sur la capacité d'une telle initiative à promouvoir véritablement le développement des personnes et des nations, d'autant plus qu'on sait, à la lecture de Kabou (1991), que l'équation culture = développement n'est pas automatique et nécessite forcément des réajustements dans la culture.

Toutefois, en traitant du mariage, qui figure parmi les thèmes abordés dans cet opuscule, l'auteur affirme qu'il s'agit concrètement de l'union entre deux personnes de sexes opposés considérée comme « l'aboutissement d'un long processus qui commence par *l'eding*, l'amour » (2010 : 59). On sait que le mariage civil n'existait pas chez les Beti et que ceux-ci unissaient eux-mêmes les mariés au terme d'un processus comprenant quatre grandes étapes.

La première se rapporte à la demande en mariage. C'est le moment choisi par le fiancé pour se présenter officiellement à sa future belle-famille, laquelle doit, au terme des entretiens et négociations, remettre à la délégation du gendre la liste de la dot dressée par certains membres de la famille de la fiancée et représentant « la contrepartie parfois symbolique exigée en échange de la femme qui quitte sa famille originelle » (*Ibid.* : 65). Précisons que la liste en question a souvent deux volets : une liste dressée par les femmes comprenant les desiderata des belles-mères et belles-sœurs et une deuxième dressée par les hommes et qui concentre les désirs des beaux-pères et beaux-frères.

La deuxième étape, la plus importante sans doute, est celle de la dot. « Au jour convenu pour la dot, les deux familles se retrouvent de nouveau. La famille de la fille doit vérifier si les offres apportées sont à la fois convenables et conformes à la liste préalablement remise au chef de délégation du garçon » (*Ibid.*). Précisons que la dot reçue doit être partagée en fonction des liens entre les membres de la famille. Et même si dans ce partage la part réservée à la belle-mère génitrice ou tutrice est généralement spéciale, il reste que la dot

> *Doit absolument être partagée et redistribuée aux différents membres de la famille, car une fille même élevée uniquement et strictement par la famille nucléaire appartient cependant à tout le clan, à toute la communauté qui parfois donne l'impression de n'avoir que des droits sans devoirs.* (*Ibid.* : 66-67).

Les deux dernières étapes renvoient respectivement à la cession de la fille et au voyage d'accompagnement de cette dernière. Ainsi, suite à la demande formulée par la famille du garçon au sujet de la mise à disposition de la fiancée au fiancé,

> *Le chef de famille de la fiancée tenant en main un épi de maïs en arrache quelques grains, les mâche et en insuffle le produit sur les visages des fiancés qu'il embrasse en commençant par l'homme ; il termine par la fille qui doit arracher le maïs des mains de son parent et aussitôt les fiancés se mettent en route sous escorte, nu-pieds avec pour consigne de ne plus regarder derrière...* (*Ibid.* :67-68).

Mise à la disposition de sa belle-famille, la femme se fera finalement accompagner dans son nouveau foyer par une délégation de frères et de sœurs.

Cette description, bien que rapide, retrace tout de même les grandes étapes du mariage dans la société traditionnelle beti et qui n'a pas totalement disparu, puisque le mariage coutumier reste d'actualité.

Mais alors qu'est-ce qui fait problème ? Il va de soi que ce qui est en cause ici ce n'est pas le mariage en tant qu'institution sacrée, fondement de la famille, mais la dot, la manière dont le mariage est pratiqué. En effet, lorsqu'on se situe à l'intérieur de la culture traditionnelle, qui n'accordait pas dès le départ une dignité particulière à la femme, la dot semble se justifier et acquiert tout son sens. Mais lorsqu'on oppose à cette conception traditionnelle de la femme-objet celle moderne de la femme sujet de droit, découlant du caractère inaliénable de la personne humaine et dont la philosophie des droits de la personne humaine se fait aujourd'hui l'écho, il devient difficile de collaborer à la perpétuation d'une telle coutume qui apparaît de plus en plus comme « une survivance parasitaire des anciennes lois » (Chemain Degrange, *op. cit.* : 145).

Il est évident que dans sa conception ancienne, la dot avait avant tout une justification économique. Elle compensait auprès de la famille de la fille, non seulement la force de travail de cette dernière, mais aussi celle des enfants qu'elle pouvait avoir dans l'avenir. La fille, dans la culture beti était donc assimilée à une force de travail, à une puissance de production des biens et il était tout à fait logique d'exiger une compensation lorsqu'il fallait s'en séparer.

Mais au-delà de sa justification économique, la dot jouait également un rôle dans le maintien de la stabilité familiale et même de la société traditionnelle en général. On sait, par exemple, que le fait de recevoir la dot permettait de limiter au maximum des occasions de divorce qui ne manquaient pas dans la société traditionnelle beti. Sachant que le divorce pouvait entraîner la restitution partielle ou complète de la dot, la femme se retrouvait dans une situation précaire qui l'obligeait à supporter, dans la soumission, les affres du mariage surtout si elle n'était pas assurée de la capacité de sa famille à restituer la dot. C'est dans cette perspective que, commentant la valeur marchande de la jeune fille dans les romans africains, Chemain Degrange écrit :

Dans l'esprit de ceux qui la maintiennent, la dot payée par le mari intervient comme une garanti de solidité du mariage. [...] Cette coutume de l'achat de la fiancée lie donc plus solidement la femme à son mari, [...], elle est aussi un moyen d'inféoder plus fortement l'épouse à l'homme (*Ibid.* : 145).

On comprend alors que la dot représentait pour la famille du fiancé un gage, une caution qu'elle pouvait retirer si le mariage en venait à ne pas prospérer. Toute chose qui laissait éclater au grand jour le statut d'objet de change que conférait la dot à la jeune femme. Tout se passe comme si dans le processus de la dot, on échange un bien contre un autre bien qui peut être retourné à son premier propriétaire si l'acquéreur en juge la nécessité, tout en s'assurant de récupérer le bien qu'il a laissé en gage. L'échange qui s'opère pendant la dot traite donc la femme comme un objet. En effet, peut-on comprendre autrement le versement d'une contre-partie, fut-elle symbolique, de la part du futur époux à la famille de la fiancée s'il n'y a pas à la base une intention visant à assimiler cette dernière à un objet commercialisable ? L'analyse de la place réservée à la fiancée durant tout le processus du mariage tend à réconforter notre point de vue sur la question. A aucun moment, exception faite partiellement du choix du conjoint, son avis n'est recueilli. Les listes sont dressées par les membres de la famille et n'intègrent pas les préoccupations de la fiancée qui par conséquent n'en tire pas profit. Le processus de la dot est mené de bout en bout par la famille qui doit autoriser le départ de la fille en mariage après avoir obtenu la satisfaction de ses desiderata ou tout au moins la promesse que ces derniers seront comblés en temps opportun. Traditionnellement, la fille ne se marie pas, elle est donnée en mariage par sa famille, preuve qu'elle n'est pas considérée par celle-ci comme un sujet libre et autonome, capable de prendre ses propres décisions. Et l'expression « *Akab ngon alùk* » (donner la fille en mariage) montre bien que le pouvoir est du côté de celui qui cède la fille en mariage et non du côté de la fille elle-même. Et c'est aussi cette situation de perpétuelle minorité dans laquelle se retrouve la femme que décrie Pallante lorsqu'elle écrit dans son article sur « La scolarisation de la jeune fille au Cameroun », que « la femme n'a pas de statut privé, elle appartient toujours à un homme, elle est fille de…, épouse de… mère de… et une seule de ces prérogatives ne suffit pas. Avec le mariage, elle passe de la tutelle du père à celle du mari et on la nomme par rapport à l'homme pour lequel elle travaille » (*op. cit.* : 53).

Ainsi de quelque côté qu'on l'observe, la dot apparaît fondamentalement comme une entreprise d'aliénation de la femme au cours de laquelle elle apprend symboliquement à se soumettre à son futur mari et à renoncer à son autonomie. Le fait que l'homme doive verser la dot pour prétendre à une épouse établit dans l'imaginaire des relations entre l'homme et la femme un déséquilibre, un rapport de hiérarchisation dans lequel l'homme occupe le pôle supérieur, celui de la majorité et la femme le pôle inférieur, celui de la minorité. Par conséquent, la dot chez les Beti nie l'égalité foncière qui devrait exister entre tous les êtres humains et qui est proclamée par tous les instruments normatifs relatifs aux droits de l'homme. Elle est, comme nous l'avons déjà noté, la conséquence logique d'une vision globale de la vie qui considérait que la femme était moins que l'homme et n'avait pas de valeur en elle-même.

III- POUR UNE AUTONOMISATION DE LA FEMME BETI

Si la pratique de la dot, telle que nous l'avons évoquée, trouvait sa justification dans un contexte où la femme était chosifiée, traitée comme un objet de change, elle devient problématique dans un environnement qui affirme l'égalité entre l'homme et la femme et où les relations entre ces deux composantes de l'espèce humaine ne sont pas forcément envisagées en termes de hiérarchie ou de subordination, mais de complémentarité.

En effet, si l'on considère que l'homme et la femme sont égaux et jouissent des mêmes prérogatives en tant qu'êtres humains, il n'y a plus de raison à ce que la femme, lors de la dot, soit humiliée dans des transactions commerciales qui font d'elle un objet. Et comme le souligne la *Déclaration universelle des droits de l'homme*, l'homme et la femme, dans leur aspiration à fonder une famille « [...] ont des droits égaux au regard du mariage, durant le mariage et lors de sa dissolution » (art. 16). De plus, en tant que droit, le mariage apparaît comme une prérogative de l'individu, quelque chose qui lui échoit et qu'il peut revendiquer. Et pour que ce droit puisse être effectif pour tous, il est indispensable qu'il soit mis à la portée des capacités minimales de toute personne en âge de se marier. En d'autres termes, considérer le mariage comme un droit revient à éviter que l'accès à ce dernier ne soit définit par des conditionnalités se situant au-dessus des capacités financières des individus. Et c'est aussi à ce niveau que se pose le problème de la pertinence de la dot telle qu'elle est vécue chez les beti et qui finalement s'interpose comme une limite au droit de se marier, d'autant plus que les intérêts qu'elle défend ne sont pas forcément ceux des jeunes appelés à se marier.

En effet, si autrefois la dot, qui se payait en nature, était proportionnelle aux possibilités du prétendant, elle a perdu aujourd'hui sa signification et, en plus de n'être plus que partiellement payée en nature, son montant s'est élevé et se situe généralement au-dessus des revenus du postulant (Chemain Degrange, *op. cit.*). Face à cette situation, une solution possible nous semble envisageable et qui permettrait à la femme de sauvegarder son autonomie et sa dignité. Elle s'inscrit en droite ligne de ce que préconisait déjà Mongo

Beti dans son roman *Ville Cruelle* lorsqu'il défendait la thèse de la suppression pure et simple de cette compensation monétaire qui reste la cause de nombreuses unions non régularisées. La dot doit d'autant plus être formellement suspendue qu'elle n'est pas considérée par la législation camerounaise actuelle, en matière d'état civil, comme une forme valide de mariage tout comme elle ne constitue pas une conditionnalité au mariage civil. A ce sujet, la Loi n° 2011/011 du 6 mai 2011 portant organisation de l'état civil stipule en son article 70, alinéa 1 que « le versement et le non versement total ou partiel de la dot, l'exécution et la non-exécution totale ou partielle de toute convention matrimoniale sont sans effet sur la validité du mariage ». En clair, pour l'Etat du Cameroun, la validité d'un mariage ne dépend ni du payement de la dot ni de son non payement. Mais alors, si la dot n'est pas une forme valide de mariage, si elle ne constitue pas en elle-même une forme achevée de mariage, pourquoi l'entretenir et prétendre seulement ensuite, comme le propose le code pénal camerounais, punir ceux qui en exigent une qui soit excessive ? A partir de quoi une dot est-elle jugée abusive et par qui ? S'il y a pas un étalon préalablement fixé, il devient difficile pour quiconque de se prononcer sur le caractère abusif ou non d'une exigence dotale. Ainsi donc, même si le législateur camerounais, de qui nous continuons d'attendre qu'il nous apporte des réponses claires et précises à ces questions brûlantes, ne fait pas de la dot une conditionnalité du mariage, il est évident que le fait de la tolérer, d'accepter sa pratique introduit dans la réalité un mélange malsain de genres auquel on est très souvent contraint de s'accoutumer du fait du poids des coutumes. Plutôt que d'avoir une attitude vis-à-vis de la dot dont on a du mal à cerner l'orientation et qui par conséquent brille par son ponce-pilatisme, il vaudrait mieux adopter une position qui soit claire pour tous et non qui favorise l'amalgame. Ou bien l'Etat du Cameroun valorise la dot et fixe le prix applicable sur toute l'étendue du territoire à cette transaction ou bien il s'en détourne et la supprime de manière formelle et officielle.

La dot, à ce qu'il nous semble, devrait donc s'adapter aux exigences normatives et juridiques du moment qui militent en faveur du respect de la femme. Toute chose qui n'enlève rien au fait que le mariage sera toujours une occasion de joie et de rencontre. Dans cette perspective, la dot pourrait changer de contenu et ne plus renvoyer à un troc dégradant, à un échange humiliant de la fiancée contre une compensation, mais devenir l'occasion pour les deux familles de faire connaissance et de célébrer la joie de la rencontre. Et il va de soi que, dans une société où les individus se considèrent comme égaux, une société dans laquelle les droits de la femme sont aussi les droits de la personne humaine, l'organisation d'une telle cérémonie ne saurait être dévolue à une seule partie. L'homme et la femme ayant des droits égaux à l'égard du mariage, doivent tous contribuer à la réussite de l'événement. De cette façon, il nous semble qu'on maintiendra la dot tout en préservant la femme de l'aliénation, d'autant plus qu'on sait que les sacrifices consentis lors du versement de la dot constituent une pilule amère pour le mari qui généralement n'hésite pas par la suite à s'en prendre à sa femme.

Précisons que l'égalité qui existe entre l'homme et la femme est fondée sur le postulat d'une nature humaine commune de laquelle découlent toutes les prérogatives attachées aux êtres humains. Mais avoir les mêmes droits ne signifie pas gommer la différence entre l'homme et la femme. Bien qu'étant égaux, c'est-à-dire jouissant d'une égale dignité, l'homme et la femme sont différents de part les rôles qu'ils sont chacun appelés à assumer dans la société.

L'on pourrait également nous rétorquer de ne pas tenir compte de la tradition et de ses coutumes en prétendant supprimer la dot dans ce qu'elle comporte d'aliénant pour la femme. L'on pourrait, plus prosaïquement, nous accuser de renier l'identité de la femme africaine qui n'était pas du tout maltraitée par la tradition.

Il importe à ce niveau de rappeler que l'Afrique, de manière générale, ne vit pas en vase clos. Les africains bougent, se déplacent et les cultures africaines entrent en contact avec d'autres cultures du monde suscitant ainsi un besoin de changement synonyme d'adaptabilité.

C'est dire qu'en réalité, il n'y a pas de culture pure et que plus fondamentalement encore, la culture est une invention de l'homme qui n'échappe pas à son caractère dynamique et dialogique. Toute culture est dès le départ interculturelle. Aussi, respecter la culture ce n'est pas s'accrocher coûte que coûte à des pratiques aujourd'hui frappées d'obsolescence, mais c'est prendre conscience, comme le souligne Montani, que « chaque culture est parcourue par une tension entre ce qu'elle était et ce qu'elle sera » (1991 : 34), dans la mesure où l'être humain est toujours à la quête d'une humanité beaucoup plus complète. Ainsi, au lieu de s'imaginer, à tort, une culture africaine parfaite et intemporelle, il est plus constructif de se poser la question de savoir de quelle manière pouvons-nous vivre dans le monde d'aujourd'hui tout en préservant nos valeurs africaines, nos traditions.

Si nous affirmons que, du fait de sa dignité, la personne humaine est source de valeurs, que son existence possède en soi une valeur absolue et que par conséquent elle ne saurait être traitée comme moyen, mais toujours comme fin en soi (Kant, 1988 : 61), alors la culture dans son ensemble doit être subordonnée à l'être humain (homme et femme) et non l'inverse. On comprend alors que ce sont uniquement les éléments de la tradition qui respectent la dignité de la personne humaine qui méritent d'être maintenus et promus dans les différents cadres de la société. Autrement dit, le critère de validité de nos cultures, l'étalon à partir duquel nos pratiques culturelles quelles qu'elles soient, devraient être évaluées n'est rien de moins que la dignité de la personne humaine. De cela, il en découle qu'agir selon la culture ne saurait signifier pour l'individu le fait de se soumettre aveuglément aux exigences d'une coutume dégradante, qui elle-même n'est très souvent que la survivance tenace d'anciennes lois déjà éculées, mais exige avant tout que l'on débarrasse la culture de toutes les contre-valeurs dont elle est porteuse et qui aliènent parfois les individus, pour ne retenir que ce qui contribue à renforcer la dignité humaine. Car, comme l'écrit Pallante dans son *Essai d'interprétation des phénomènes culturels*, « en s'éloignant de la nature ontologique de l'homme, les cultures peuvent devenir une organisation inhumaine qui suffoque, un mécanisme indépendant de l'homme et qui se révolte contre lui pour le soumettre à un esclavage parfois terrible » (2014 : 19). Et c'est à ce type de remarque que nous ont conduit nos analyses sur la dot qui chosifie la femme et constitue ipso facto un manquement grave à l'égard de sa dignité dont on sait désormais qu'elle est inviolable.

CONCLUSION : POUR UNE EDUCATION A L'AUTONOMISATION DE LA FEMME

Bien que l'époque actuelle insiste sur l'autonomisation de la femme et l'égalité des sexes, la réalité a du mal à prendre corps dans nos pratiques quotidiennes où la femme, du fait de certains aspects de la culture, se trouve très souvent bafouée, humiliée, oubliée. En prenant l'exemple d'une pratique coutumière comme la dot pour y interroger la place faite à la femme, nous avons été amenés à conclure que la dot chez les Beti constitue, malgré toutes les bonnes intentions dont elle est porteuse, une limite à l'autonomisation de la femme, dans la mesure où elle est à la base d'une transaction dégradante dont la symbolique est fondamentalement à rechercher dans le statut d'être inférieur qui est conféré à la femme dans ce contexte.

En effet, nous sommes convaincus que si l'homme et la femme sont considérés comme deux êtres humains jouissant d'une égale dignité, les relations qui les unissent doivent également être marquées du sceau de l'égalité. De plus, la dignité humaine étant intangible, il va de soi que ni la femme ni l'homme ne sauraient être traités comme des objets. Or en chosifiant la femme, la dot ou le prix de la fiancée se révèle comme une pratique incompatible avec le respect de la dignité humaine et son coût, de plus en plus exorbitant, une entrave sérieuse à l'exercice du droit au mariage. Nous croyons fermement que le mariage chez les Beti peut conserver son caractère de rencontre entre deux familles et préserver la dignité de la femme. Pour cela, il faudrait que la femme ne soit plus « vendue » à son futur époux qui très souvent fonde sa prétendue supériorité sur le fait qu'il s'est acquitté de la dot.

Certains pourront nous taxer d'excessif, de prendre le parti de la méconnaissance et de la destruction des valeurs africaines, puisque nous parlons de la dot comme d'un commerce indigne dont les femmes sont les victimes même si très souvent la plus part acceptent de collaborer de leur plein gré en revendiquant à corps et à cri d'être dotées. Mais comment voir les choses autrement lorsqu'on sait, par exemple, que dans certaines régions du Cameroun, il arrive encore aujourd'hui que des parents hypothèquent l'avenir de leur fille en les obligeant à épouser des hommes auprès de qui ils ont contracté des dettes, dont ils sont maintenant dans l'impossibilité d'assurer le remboursement ? Et les mariages précoces dont la pratique récurrente n'a pas encore dévoilé toute sa nocivité pour l'avenir de notre pays, ne plongent-ils pas leurs racines dans ce commerce illicite des femmes qu'est la dot ? Si les parents n'avaient rien à gagner, économiquement parlant, accepteraient-ils de se débarrasser aussi facilement de leur jeune fille impubère dont l'innocence et la naïveté ne demandent encore qu'à s'épanouir au sein des pairs dans les salles de classe et les cours de récréation ?

Dans une société qui appelle de tous ses vœux à l'autonomisation des femmes et à l'égalité des sexes, la nécessité de supprimer toutes les poches de résistance s'impose. Et la dot, telle que nous avons essayé de le démontrer, en constitue une. Sa pratique mérite donc d'être formellement interdite ou tout au plus repensée dans un sens qui tienne compte de la dignité de la femme comme être humain. Car comme le souligne *La déclaration et le programme d'action de Beijing*, « tous les aspects nocifs de certaines pratiques traditionnelles, coutumières ou modernes qui violent les droits de la femme doivent être interdits et éliminés » (§ 224).

Nous pensons que l'éducation a dans ce contexte un rôle primordial à jouer en sensibilisant la société et les jeunes filles en particulier sur les effets pervers de la dot. Lorsqu'on sait par exemple que dans les programmes scolaires du primaire et du secondaire figurent des thèmes sur la famille et les droits de l'homme, on imagine que ces enseignements ne peuvent plus se faire en ignorant le contexte dans lequel ils se déroulent. A notre sens, de tels enseignements devraient être contextualisés en ayant pour toile de fond la critique de la culture camerounaise. L'égale dignité entre tous les hommes, qui est l'un des piliers majeurs sur lesquels repose la doctrine des droits de l'homme et de notre constitution, a-t-elle une incidence sur nos pratiques culturelles ? La femme dans les cultures camerounaises est-elle traitée d'une manière égale à celle de l'homme ? Voilà autant de questions qui doivent servir à mettre en évidence, pour les dénoncer, les inégalités criardes que l'on peut encore observer entre les hommes et les femmes quant aux traitements différentiels que leur réserve la culture. Et rien d'autre mieux que l'école ne peut conduire à faire reculer cette situation. Il en est de même des enseignements sur la famille qu'on ne saurait limiter à la connaissance des différents types de famille et de leurs membres en oubliant que très souvent la femme au sein de la famille est traitée comme elle a été acquise, c'est-à-dire comme servante. En insistant sur l'égale responsabilité qui doit entourer les prétendants au mariage, on développera chez les apprenants la conscience selon laquelle le mariage n'est pas plus une affaire de l'homme que de la femme, mais que tous deux doivent pendre part, de manière égale, à sa réalisation. On contribuera ainsi à faire reculer l'idée selon laquelle la femme serait un bien dont l'homme se charge de négocier l'acquisition auprès de sa famille. A ce qu'il nous semble, il convient de faire comprendre aujourd'hui que la femme n'est pas un objet dont dispose la famille et qu'elle peut céder selon son bon vouloir au plus offrant, mais qu'elle est une personne capable de faire des choix en tant que sujet libre et autonome. La dignité que lui confère le contexte actuel l'oblige à se repositionner par rapport à la coutume de la dot.

REFERENCES BIBLIOGRAPHIQUES

Atangana, J. C. (2010), *Des us et coutumes de nos ancêtres. A l'usage des jeunes générations,* 2è éd., Yaoundé : Isiprint.

Beti Mongo (1971), *Ville cruelle*, 2è éd. Paris : Présence africaine.

(1976), *Le pauvre Christ de Bomba*, 2è éd., Paris : éd. Laffont.

Chemain Degrange, A. (1980), *Emancipation féminine et roman africain*, Les nouvelles éditions africaines.

Hazoumé, P. (1938), *Doguicimi*, Paris : Larose.

Kabou, A. (1991), *Et si l'Afrique refusait le développement* ?, Paris : l'Harmattan.

Kant, E. (1988), *Fondements de la métaphysique des mœurs*, Paris : Bordas.

Laye, C. (1975), *L'enfant noir*, Paris : Plon.

Montani M. (1991), *Filosofia della cultura, problemi e prospettive*, LAS : Roma.

Ordonnance n° 81-02 du 29 juin 1981 portant organisation de l'état civil et diverses dispositions relatives à l'état des personnes physiques. Modifiée et complétée par la LOI n° 2011/ 011 du 6 mai 2011.

Oyono, F. (1956), *Le vieux nègre et la médaille*, paris : Julliard.

Pallante G. (2005), « L'école et la jeune fille au Cameroun », in *Ecole et mondialisation en Afrique* (sous la dir.) de Gianna Pallante, Yaoundé : PUCAC, 51- 69.

(2014), *Essai d'interprétation des phénomènes culturels. Du dialogue interculturel, vol. 1*, Paris : L'Harmattan.

Piettre, M. A. (1974), *La condition féminine à travers les âges*, Paris : Editions France-Empire.

SENTIMENT D'EFFICACITÉ PERSONNELLE, STRATÉGIES COGNITIVES ET INSERTION DES FILLES DANS LES FILIÈRES SCIENTIFIQUES

Par Emmanuel BINGONO (Université de Maroua, Faculté des Lettres et Sciences Humaines, bingonoemma@gmail.com)

RÉSUMÉ

En dépit de multiples facteurs psychophysiologiques et sociologiques qui pèsent de tout leur poids sur le genre scolaire, les filles parviennent à choisir et à s'insérer dans les filières scientifiques. Elles opèrent ce choix en modulant leur schème qui correspond aux attentes de leur choix et aux exigences de leur préférence académique. Cette modulation des stratégies cognitives par les filles leur permet par contrecoup de prendre en main leurs aspirations à travers le sentiment d'efficacité personnel. La mise en commun de ces deux variables par les étudiantes influence positivement leur insertion dans les filières scientifiques et confirme le paradigme de la triade objet, sujet et environnement des cognitivistes sur la compréhension des conduites humaines. L'étude s'est intéressée aux étudiantes du second cycle des filières scientifiques de l'Ecole Normale Supérieure de Maroua où l'échantillonnage à la fois aléatoire et stratifié a été utilisé. 105 étudiantes ont été sélectionnées et les données ont été recueillies sur la base d'un questionnaire. Ces données ont été analysées et traitées grâce à l'utilisation de la régression multiple réalisée au logiciel SPSS. Comme principal résultat, les filles qui ont conscience de leurs forces et faiblesses sont prêtes à faire face aux exigences des filières scientifiques. D'où l'importance d'une sensibilisation auprès des partenaires en éducation en vue d'éradiquer les pratiques pédagogiques sexistes en milieu scolaire.

MOTS CLÉS : Sentiment d'efficacité personnel, filières scientifiques, stratégies cognitives, paradigme et conduite.

ABSTRACT

Despite multiples factors such as psychological and sociogical factors that hindrance gender equality in schools milieu, females students are still succeeded in choosing scientific series. These female students operate their choice thanks to the modulation of their schemes which is in accordance with their academic aims and preference. This modulation of cognitive strategies enables them to focus on their aspiration through what we call self-efficiency. The put together of these two variables by these female students has a positive influence in their insertion in scientific series, and confirm the paradigmatic triads: the objet, the subject, and the environment of the cognitivists' approach of the human conduct. This research focuses on females students in second cycle in scientific series in higher teacher training school of Maroua ENS where the random and stratify sampling were used. 105 females' students were selected and data were analyzed and threated thanks to multiple regression test, realized through Spss. As main result, female student which are aware of their weakness and their able are much more really to face the scientific series challenges.

KEY WORDS: scientific series, cognitive strategies, paradigmatic, self-efficiency and behavior.

INTRODUCTION

Depuis la conférence de Jomtien qui a eu lieu en Thaïlande en 1990 et où plusieurs reformes en matière d'éducation ont été mises sur pied, il apparaît clairement que l'une des préoccupations majeures des gouvernements étaient de faciliter l'égalité d'accès aux différentes filières d'étude. La masculinisation de certaines filières d'étude dites « scientifiques » dans l'enseignement supérieur constitue une réalité qui n'échappe plus aujourd'hui au regard des statistiques liées à cette différenciation. Vouillot (2007:109) souligne à propos que « cette différenciation des orientations des filles et des garçons est si systématique que les auteurs résument la situation en disant que les pays qui orienteraient les garçons vers les lettres et les filles vers les formations scientifiques sont à inventer ». Dans le même ordre d'idée, Fonkoua (2006) montre qu'à l'université, les filles et les femmes sont concentrées en littératures, en sciences sociales, en droit et en économie. Et, il remarque que très peu d'entre elles s'orientent vers les séries scientifiques telles que les mathématiques, les physiques, l'informatique et l'ingénierie. Les études sur cette forme de reproduction de la profession liée au sexe arrivent toujours à la conclusion selon laquelle, chaque société inculque à travers ses membres au moyen de ses valeurs, ses idéologies et ses croyances sur le sexe qui se transposent fatalement sur le monde professionnel. Si l'approche sociologique au moyen de la reproduction sociale justifie cette différenciation, quels sont les déterminants psychologiques qui justifient leur choix et leur permettent de faire carrière. C'est la principale préoccupation de cet article.

1-PROBLEMATIQUE

En dépit du fait que la question d'égalité du genre à l'accès aux filières scientifiques soit d'actualité et se trouve au cœur de multiples textes et politiques éducatifs, les chercheurs dans le domaine montrent qu'il existe toujours des différences importantes entre les filles et les garçons à l'école en termes de résultats scolaires, d'orientation scolaire et professionnelle voire de choix des filières. Cette situation basée sur les différences de sexe et précisément sur la prééminence du sexe masculin ne constitue pas d'ailleurs un fait récent.

En effet, les travaux de certains auteurs montrent que depuis l'antiquité, la femme occupe une place inférieure dans la société. C'est pourquoi, Saint Paul cité par Journet (1998 : 196) déclare « que les femmes se taisent dans les assemblées car il ne leur est pas donné mission de parler ; mais qu'elles soient soumises, ainsi que le dit la loi elle-même ». La femme étant exclue du trône selon l'auteur, c'est le signe du refus de son immixtion dans les affaires jugées socialement à tort ou à raison réservées uniquement aux hommes. Ainsi, l'image d'Eve est celle qui est la mieux répandue dans les mentalités. Tertullien (1971 : 418) écrivait ceci : « tu enfantes dans les douleurs et les angoisses, femme, tu subis l'attirance de ton mari et il est ton maître, et tu ignores qu'Eve c'est toi, elle vit encore en ce monde la sentence de Dieu contre ton sexe. C'est toi la part du diable. C'est toi qui as brisé le sceau de l'Arbre. C'est toi qui, la première a déserté la loi divine ». De tels propos sont souvent entendus pour signifier à la femme qu'elle est la cause de tout ce qui arrive à l'homme et qu'elle doit en payer le prix en restant soumise à lui. Dans le même registre, Saint Thomas cité par De Beauvoir (1949 : 403) renchérit que la femme est un « homme manqué », un être « occasionnel ». Ce qui symbolise l'histoire de la genèse où la femme apparaît comme tirée selon le mot de Bossuet encore évoqué par De Beauvoir (1949 : 403), d'un « os surnuméraire » de l'homme, ne pouvant pas par conséquent avoir les mêmes privilèges et les mêmes aptitudes au même titre que l'homme à exceller dans certains domaines de la vie active.

Par ailleurs, plusieurs stéréotypes, clichés sociaux et étiquettes ont été appliqués avec succès en vue de maintenir le sexe féminin au bas de l'échelle. En fait, les stéréotypes sont caractérisés par des idées, jugements dévalorisants doublés de traits négatifs mais également par des comportements spécifiques comme l'attribution des ressources moindres et la discrimination qu'un groupe manifeste envers un autre. Ils constituent par ailleurs, l'un des principaux éléments du contenu d'une représentation sociale au même titre que les préjugés, les opinions, les attitudes que l'on peut retrouver sur des supports concrets tels que les discours individuels ou collectifs ainsi que les pratiques sociales. Selon Menye Nga (2012 : 78), « les stéréotypes s'inscrivent au cœur des interactions humaines, des relations interpersonnelles, et des relations intergroupes. Aussi, les relations hommes-femmes n'échappent pas à cette réalité ». C'est pourquoi, pour Héritier (2010), la domination des hommes sur les femmes s'enracinent dans les structures de l'imaginaire symbolique et cette domination selon lui n'est pas propre à une époque ni à une société donnée. En conséquence, ces pesanteurs sont inculquées à la fille depuis la cellule familiale à travers une éducation sexuée jusqu'à la société en général. C'est d'ailleurs pourquoi Yana cité par Menye Nga (2012 :122) souligne que « les représentations qu'ont les hommes des femmes sont une expression des modèles culturels ou des éléments de l'imaginaire intériorisés dans le processus de socialisation ». Dès lors, l'idéologie de la suprématie de l'homme à l'égard de la femme, véhiculée par divers agents de socialisation et transmise de génération en génération, a profondément structuré leur inconscient. N'ayant pas de droit, ou alors ayant un droit mais non égal à celui de l'homme, la femme doit se préparer à assurer son rôle de gardienne du foyer, et ceci, dès le bas âge. Ce n'est qu'à l'intérieur, au sein du foyer, qu'elle peut valablement s'exprimer et trouver qu'elle est une épouse modèle. Et d'ailleurs, les grands pédagogues de l'époque médiévale n'avaient que des conseils relatifs à la bonne tenue du ménage ; et la soumission au mari était enseignée. Comme le souligne Mosconi (1994), une pensée très traditionnelle, qui stipulait qu'il fallait donner aux filles une instruction afin qu'elles deviennent meilleures maîtresses de maison, meilleures épouses et mères de famille, régnait parmi les fondateurs des programmes de l'enseignement secondaire féminin, qui le basent essentiellement sur la culture littéraire. En réalité, la pensée dominante qui a alimenté cette époque, en s'appuyant sur des données biologiques telles que le poids moins lourd de leur cerveau par rapport à celui des hommes, considérait les femmes inaptes à la science, intellectuellement inférieures dans le savoir scientifique. D'ailleurs, même quand certaines femmes participaient à la recherche et à la découverte en science, on avait coutume d'attribuer le mérite de leurs travaux aux hommes scientifiques de l'époque. Michelet cité par Mendras (1999), souligne à propos que « l'humanité est mâle et l'homme définit la femme non en soi mais relativement à lui. Elle n'est pas considérée comme un être autonome ». Il se réalise que les filles ont à faire face à des barrières institutionnelles et culturelles liées à la perception des femmes, de leur rôle dans la société ainsi qu'à leurs fonctions professionnelles et leur insertion dans les carrières scientifiques. Dès lors, la femme ne saurait se régir soi-même et entreprendre délibérément opérer un choix de vie ou une activité indépendamment des attentes sociales. Cette infériorisation de la fille s'étend jusqu'au niveau de l'organisation sociale du travail où des règles générales régissent la division du travail entre les sexes et s'agencent de manières très variées. Cette organisation a dès lors des profondes répercussions dans l'attribution du pouvoir et du prestige entre hommes et femmes, la qualité des relations entre les deux sexes. Ainsi, Lévi-Strauss (1983 : 81) montre que ces modalités relèvent, elles aussi des facteurs culturels et « *constater qu'un sexe est préposé à certaines tâches revient à constater qu'elles sont interdites à l'autre sexe* ». Pour tout dire, ces préjugés sociaux qui restreignent l'égalité aux femmes quant aux considérations sociales et aux possibilités d'accès de celles-ci à certaines activités de la vie sociale ne sont rien d'autres que selon Héritier (1996 : 19) « le butoir ultime de la pensée sur lequel est fondé une opposition conceptuelle essentielle que l'on retrouve dans toute la pensée scientifique, ancienne comme moderne et dans tous les systèmes de représentation », supports majeurs des systèmes idéologiques et valeurs contrastées que l'on retrouve dans les grilles de classement du masculin et du féminin.

Au plan purement psychologique, plusieurs travaux ont permis de comprendre et d'expliquer qu'un déterminisme lié au psychisme humain permet de rendre compte que chaque sexe a des pôles d'intérêts différents. En fait, la constitution du cerveau est distincte pour chaque sexe, lequel conditionne ses schémas respectifs de raisonnement, son affectivité et son émotivité. Et d'après Van Pelt (1989 : 17), « entre la seizième et la vingt-sixième semaine de vie intra-utérine, le cerveau du fœtus subit un processus de différenciation dû à des causes hormonales ». Selon, l'auteur, étant donné les différences génétiques, il arrive généralement que la prédominance de l'hémisphère cérébrale gauche favorise la tendance des hommes à se spécialiser dans la pensée logique, factuelle, analytique, agressive et objective. Les femmes quant à elles ont tendance à utiliser le cerveau droit, qui régule les sentiments, le langage, l'intuition, les émotions, l'affection et les facultés de communication. C'est le côté du cerveau qui est le plus en relation avec les relations humaines. Van Pelt (1989) renchérit que les différences fonctionnelles du cerveau masculin et féminin affectent le processus sexué en termes de modes, de préférences, d'habitudes de pensée et de réactions face aux multiples choix de vie à opérer. Ces analyses ainsi rendues opérationnelles amènent à comprendre que les différences génétiques expliqueraient les dispositions psychologiques sur les conduites et les comportements cognitifs que les sujets en interactions adopteraient en fonction des objets en relation sur la logique épistémologique. Ainsi, la différence des sexes entre les individus déterminerait pourquoi les hommes et les femmes se spécialisent, choisissent et excellent respectivement dans les domaines scientifiques et littéraires ou à caractère social.

Ces effectifs qui ressortent les statistiques en fonction du sexe des étudiants à l'Ecole Normale Supérieure de Maroua (2012/2013) justifient alors ce point de vue. Ainsi, sur un effectif total de 340 étudiants, l'on dénombre seulement 64 filles contre 276 garçons, soit un taux de représentation de l'ordre de 18,40% pour celles-ci et de 81,59 pour ceux-là dans les filières scientifiques. Si la faible représentativité des filles (18,40% contre 81,60%) constitue une réalité certaine, les conclusions qui en découlent confirment dans une large mesure que divers déterminismes (religieux, sociologique ou psychologique) continuent encore d'impacter selon les mots de Durkheim (1895), sur l'ensemble des manières d'agir, de penser, de faire et de sentir de ces filles.

Cependant, en dépit de multiples pesanteurs sociales, des préjugés et stéréotypes sociaux fondés sur des déterminismes d'ordre religieux, sociologique et psychologique, et qui font du sexe féminin un être entièrement à part n'ayant pas par conséquent les mêmes privilèges d'accéder librement à certains secteurs d'activités spécifiques aux hommes ou à choisir les filières dites masculinisées, l'on observe néanmoins une nette évolution des filles à s'insérer de plus en plus dans les filières scientifiques. Au Cameroun, l'accès des étudiantes dans les filières scientifiques suit une évolution croissante au regard de certaines données statistiques des grandes Ecoles et facultés des universités d'Etat. C'est le cas par exemple de Polytechnique, des Facultés de Médecine et des Sciences de l'université de Yaoundé I et la Faculté d'Agronomie de l'université de Dschang. Si cette évolution est perceptible (0,8% en 1980 et 11,9 en 2009), il faut également noter que l'université de Maroua n'échappe pas à cette réalité. Une étude diachronique allant de 2011 à 2013, menée sur les données statistiques des étudiantes du second cycle des filières scientifiques de la même institution, champ par excellence de la présente étude confirme à bien des titres l'effectif de plus en plus croissant des filles à choisir davantage les filières dites scientifiques.

Les données statistiques recueillies auprès des services en 2013 de l'Ecole Normale Supérieure de Maroua montrent que sur cinq filières purement scientifiques, trois d'entre elles ont connu une évolution positive des effectifs des filles au cours des années allant de 2011 à 2013, soit un taux de progression de l'ordre de 60%. Les mêmes statistiques montrent que les choix d'orientation des filles vers certaines filières scientifiques sur la période considérée sont en nette évolution. De ce qui précède, on peut affirmer que les filles s'intéressent davantage et s'insèrent de plus en plus dans les filières scientifiques. Mais comment ces filles parviennent-elles à dépasser ces déterminismes pour enfin opérer ce choix ?

En fait, la fille s'insère de plus en plus dans le circuit de l'homme car, libérée et capable d'investir là où bon lui semble et débarrassée de toutes sortes de pesanteurs. Ces étudiantes dans les filières scientifiques se présentent dès lors comme des êtres à part entière qui tiennent à moduler leur représentation de façon à y trouver leurs places et à prendre en main leurs aspirations. Elles en sont conscientes, se mobilisent et mobilisent toutes leurs énergies afin de secouer ces pesanteurs qui selon Bourdieu (1970) reproduisent la société à l'identique.

De même, la transformation des réalités sociales, la crise économique qui a pour corollaire le chômage, les dynamiques des familles en Afrique et surtout, la place actuelle de la femme dans le monde capitaliste lequel monde promeut une société de production plutôt qu'une société de consommation, ont contribué à une redéfinition du rôle de la femme dans la société. Désormais, La femme, consciente de ces mutations socioéconomiques et du rôle qu'elle doit jouer dans la micro et la macro société, doit s'affirmer et poser ses marques non seulement en termes de sa participation au bon fonctionnement de la société mais aussi à son développement. Ce faisant, elle comprend que sa présence doit être remarquable dans toutes les sphères de la société. C'est pourquoi, on note de plus en plus la présence de certaines d'entre elles dans les filières scientifiques qui jadis, étaient l'apanage du sexe masculin. Cette présence peut-elle s'expliquer par le sentiment d'auto efficacité qu'elles incarnent et les stratégies cognitives qu'elles utilisent ?

Le sentiment d'auto efficacité en tant que concept clé de la présente étude doit servir à contribuer à la réflexion sur cette question. En effet, le sentiment d'efficacité personnelle est défini par Bandura (1986) comme un ensemble de croyances qu'a un individu à l'égard de ses capacités à accomplir avec succès une tâche ou un ensemble de tâches. Par la suite, Wood et Bandura (1989) montrent que ces croyances constituent le mécanisme le plus central et le plus général de la gestion de soi. En particulier, le sentiment d'efficacité personnelle peut aider les apprenants à choisir leurs activités et leurs environnements et déterminer la dépense d'efforts, leur persistance, les types de pensée (positive ou négative) et les réactions émotionnelles face aux obstacles. Par ailleurs, l'apprenant selon Nkelzok (2009) réfléchit délibérément à ces stratégies en sélectionnant certaines plutôt que d'autres et en se fondant sur des prédictions quant à ses capacités à progresser vers les buts choisis. La notion de « stratégies cognitives » implique donc une grande activité de la part de l'apprenant et dans le cas d'espèce, de la fille et sa détermination ou son engagement dans le processus d'apprentissage.

Dès lors, le sentiment d'efficacité personnelle corrélé aux stratégies cognitives permettraient à un apprenant de concrétiser, de matérialiser ses vœux, ses souhaits ou ses aspirations. Ces dernières (aspirations) peuvent être dans certains cas surélevées ou non atteintes. C'est pour cela que Bingono (2011) montre à propos qu'il existe une divergence entre les aspirations personnelles et les besoins de la société. Dès lors, si le choix ou la représentativité des filles dans les filières scientifiques connaît une progression, cela peut-il être à la fois fonction du sentiment d'auto efficacité et des stratégies cognitives que mettent sur pied ces dernières ? Il ressort de ce qui précède que le sentiment d'auto efficacité, associé aux activités d'autorégulation dont font preuve certaines filles peuvent influencer positivement sur leur performance, sur leur choix de profession et évidemment sur leur insertion dans les filières scientifiques. En quoi le sentiment d'efficacité personnelle et les stratégies cognitives dont se dotent certaines étudiantes peuvent- ils expliquer ou rendre compte de leur choix opéré dans les filières scientifiques ?

2-BASE THEORIQUE DES HYPOTHESES

Pour expliquer les relations que les individus ont avec les objets de leur entourage, les cognitivistes s'attardent à étudier les mécanismes internes qui sont responsables de l'apprentissage et de la connaissance. Le modèle de référence des cognitivistes est issu de l'intelligence artificielle. Ils se penchent sur les procédés, les stratégies et les règles suivis par l'esprit humain dans certaines situations, notamment lors de la résolution des problèmes, de l'apprentissage ou de la rétention d'éléments d'information. Le but des sciences cognitives est alors de comprendre et de reproduire les divers processus mentaux qui sont à la base de ces activités de traitement de l'information. En fait, on ne retient jamais des connaissances de façon isolée, mais plutôt par « greffage » à des schémas déjà existants. C'est à l'aide des schémas cognitifs construits par les apprenants que l'on arrive à assimiler de nouvelles notions. Il peut prendre la forme d'une règle ou d'une procédure cognitive. C'est la raison pour laquelle le conditionnement est une forme d'apprentissage dans laquelle on peut facilement identifier, par construction de la situation expérimentale, une liaison entre deux stimuli (S-R). Par opposition à cette vue associationniste, certains auteurs ont proposé des explications et d'autres modèles théoriques fondés sur des mécanismes de synthèse des éléments de la situation. C'est le cas par exemple des théories cognitives et gestaltistes. Par ailleurs, d'autres auteurs ont pensé à un déterminisme réciproque entre des facteurs personnels, environnementaux et des comportements. Cette dernière conception s'appuie sur l'approche de la personnalité de Bandura à travers sa théorie sociale cognitive (tsco) qui englobe le domaine de l'apprentissage social et le sentiment d'efficacité personnel.

Sur le plan conceptuel, l'étude de l'efficacité personnelle se fonde sur la théorie sociocognitive de Bandura (*ibid.*) qui définit le sentiment d'efficacité personnelle (*self efficacy* ou sentiment de compétence) comme la croyance d'un individu dans ses capacités à organiser et à réaliser une tâche dans des situations et des contextes spécifiques. Selon cette théorie, les croyances d'efficacité se développent et se modifient tout au long de la vie à partir des expériences vécues, de l'influence des modèles observés, des encouragements de l'entourage. L'expérience serait alors selon cette approche la source la plus importante à l'origine des croyances d'efficacité. Cette confiance dans ses capacités n'est pas aveugle. C'est par sa capacité métacognitive à réfléchir sur soi-même, sur la pertinence de ses pensées et de ses actions et sur l'estimation de ses forces et de ses faiblesses dans une situation donnée qu'un individu est en mesure de formuler un jugement sur ses propres compétences. En effet, Bandura et ses collaborateurs ont mené de nombreuses recherches qui ont montré que la perception qu'a un individu de ses capacités à exécuter une activité influence et détermine largement son comportement.

Les individus cherchent alors généralement à éviter les situations et les activités qu'ils perçoivent comme menaçantes mais n'hésitent pas à exécuter les activités qu'ils se sentent aptes à accomplir. Ils penchent dès lors sur la complexité de la situation relevant en apparence d'un même trait. Dans le champ de la psychologie sociale cognitive, il a démontré à partir de nombreuses recherches sur les déterminants psychosociaux de l'agressivité que la personnalité n'est pas simplement une question de tempérament, mais dépend d'apprentissages sociaux, d'ajustement (par renforcement ou observation) en fonction des situations. Il ressort à ce niveau, une notion d'interaction pour créer les différentes facettes de la personnalité. Tempérament et situation sont en interaction pour créer la personnalité, de même que les modes culturels de réactivité. Il démontre ainsi dans ses travaux que ces différents modes comportementaux sont la résultante des différentes interprétations faites par des individus face aux diverses situations. D'où la place importante qu'il accorde aux facteurs cognitifs dans la détermination de la personnalité. Sillamy (2006) montre à ce propos que cet acte de connaissance est une forme de cognition qui s'élabore depuis la perception, la mémoire et l'apprentissage jusqu'à la formation des concepts et au raisonnement logique. Pour lui, l'homme apprend parce qu'il est capable d'utiliser les symboles, d'anticiper les conséquences de ses actions, d'évaluer et de réguler ses comportements ainsi que d'observer et d'imiter les comportements d'autres personnes en mettant en place des stratégies cognitives. En fait, ces stratégies cognitives concernent les processus d'enregistrement d'informations, en mémoire et de rappel au moment opportun et tiennent compte du contexte. On recense généralement cinq types de stratégies cognitives qui sont : les stratégies de mémorisation ou de répétition, d'élaboration, d'organisation, de généralisation et de discrimination. Les stratégies de mémorisation ou de répétition évoquent la reproduction de ce qui est, par un rappel, la récitation ou révision des connaissances. Elles mettent en œuvre des actions mnémoniques en vue d'inscrire ces connaissances en mémoire. Les stratégies d'élaboration quant à elles visent à développer les connaissances acquises dans le but de donner un sens aux apprentissages ou d'améliorer la compréhension. Elles font souvent appel à la comparaison, au questionnement ou à l'établissement de liens avec les connaissances antérieures. Les stratégies de généralisation ont trait à l'élargissement des connaissances à d'autres contextes. Quant aux stratégies de discrimination, elles permettent de déterminer dans quelle situation il serait approprié ou non d'utiliser un concept. Ces deux dernières stratégies supposent un niveau plus élevé de complexité que les autres catégories cognitives.

D'une manière générale, des niveaux de sentiment d'efficacité personnelle élevés coïncident avec des niveaux de performance eux-mêmes élevés. De multiples études, le plus souvent nord-américaines, menées auprès des enseignants ont montré que leur sentiment d'efficacité personnelle a un effet significatif sur la qualité de leur travail, et, par voie de conséquence, sur leurs élèves. D'autres recherches ont mis en évidence des corrélations entre sentiment d'efficacité personnelle et acquisition de compétences et suggèrent que la confiance d'un individu en sa capacité à réaliser une tâche puisse être induite à la suite d'une formation. La relation entre efficacité personnelle ressentie et formation amène Romano (1996) à considérer un sentiment d'efficacité personnelle élevé comme un indicateur à part entière de l'efficacité d'une formation. Ce point de vue est partagé par Piccoli *et al.* (2001) qui soulignent qu'au-delà des résultats enregistrés suite à une formation, il est important d'estimer également les perceptions qu'ont les apprenants de leurs propres capacités, dans le cadre de l'évaluation de l'efficacité d'une formation. Reposant sur le courant constructiviste qui montre que l'être humain est capable d'influencer activement sur son propre devenir et celui de son environnement, cette théorie met l'accent sur les processus dynamiques intervenant dans la formation des intérêts et le choix des carrières dans le parcours professionnel. Les gens forment alors les intérêts durables pour une activité quand ils s'y considèrent eux-mêmes comme compétents et quand ils attendent des résultats à eux valorisés. Dès lors, le sentiment d'efficacité personnelle corrélé aux stratégies cognitives permettrait à un apprenant de concrétiser et de matérialiser ses vœux, ses souhaits ou ses aspirations en général et surtout son insertion dans lesdites en particulier.

3-OPERATIONNALISATION DE L'HYPOTHESE GENERALE

L'hypothèse générale s'intitule : *Le sentiment d'efficacité personnelle associé aux stratégies cognitives explique l'insertion des filles dans les filières scientifiques.* Les hypothèses de recherche sont de ce fait les suivantes :

HR1- *« La croyance en leur capacité, associée aux efforts de raisonnement chez les étudiantes favorise leur choix de filières scientifiques ».*

HR2- *« La confiance que les filles ont en leur potentiel, associée à leur capacité d'analyse détermine leur choix dans les filières scientifiques ».*

HR3- *« La motivation intrinsèque associée à leurs efforts de compréhension explique leur choix pour les filières scientifiques ».*

-Variable indépendante

Pour ce travail, la variable indépendante renvoie au sentiment d'efficacité personnelle. Elle est éclatée en trois facteurs ou variables secondaires à savoir : la croyance en ses capacités, la confiance en son potentiel et la motivation intrinsèque.

-Variable intermédiaire

Dans ce travail, les stratégies cognitives renvoient à la variable intermédiaire. Elle est décomposée en trois variables secondaires ou facteurs. Il s'agit des efforts de raisonnement, des capacités d'analyse et de l'effort de compréhension.

-Variable dépendante

La variable dépendante de cette recherche renvoie à l'insertion des filles dans les filières scientifiques.

La première hypothèse de recherche (HR1) renferme d'une part, les trois indicateurs de la première variable secondaire indépendante (convictions, attitudes optimistes et idées positives) et d'autre part les deux indicateurs de la première variable secondaire intermédiaire (cohérence dans son argumentation et logique dans les explications).

La deuxième hypothèse de recherche (HR2) quant à elle se compose de trois indicateurs de la deuxième variable secondaire indépendante qui sont : la bonne connaissance de soi, la conscience de ses potentialités et la certitude dans ce que l'on fait. Et en plus, de deux indicateurs de discernement et la connaissance sur les détails d'une chose ou d'un fait.

Pour ce qui est de la troisième hypothèse (HR3), trois indicateurs de la troisième variable secondaire indépendante (intérêt, engagement et persévérance) et deux indicateurs de la troisième variable secondaire intermédiaire bonne saisie du sens d'une chose ou d'un fait, (bonne saisie de la signification d'une chose ou d'un fait) ont pu être retenus pour cette recherche.

Enfin, pour la variable dépendante, l'on a affaire à trois indicateurs qui sont : la présence, les notes obtenues et la représentativité.

4- METHODOLOGIE DE RECHERCHE

Le site d'étude relatif à la présente recherche est l'Ecole Normale Supérieure de Maroua. La population d'étude est constituée de toutes les étudiantes des filières scientifiques. La population accessible quant à elle est constituée des étudiantes du niveau 4 ou le second cycle de l'année académique 2012-2013. En effet, cette catégorie a en plus du baccalauréat scientifique, une licence scientifique témoin d'un parcours dans une faculté des sciences pendant plusieurs années d'endurance et d'efficacité avérée. En chimie on a 83, 46 en mathématiques, 28 en informatique, 49 en physique et 104 en Sciences de la Vie et de la Terre. Pour un total de 310 sujets de la population accessible.

Afin que le processus de sélection des éléments de la population d'étude représente l'échantillon, la présente recherche obéit à la fois à la méthode aléatoire simple et à l'échantillonnage stratifié. D'une part l'échantillonnage est aléatoire dans la mesure où il permet aux éléments de la population d'avoir les mêmes chances ou la probabilité d'être sélectionnés. D'autre part, la méthode d'échantillonnage stratifié utilisée s'explique par le fait qu'il prend en compte la nature hétérogène de la population qui est divisée en sous-population ou strates. Dans le cas d'espèce, les strates ici renvoient aux différents niveaux (1 et 2) du second cycle des filières scientifiques. Ainsi l'échantillon aléatoire est sélectionné à l'intérieur de chaque strate et est proportionné à la taille de chaque strate (chaque année et filière). L'échantillon de l'étude est alors finalement constitué de 105 étudiantes sur les 310 de la population accessible soit 28 en chimie, 17 en mathématiques, 10 en informatique, 16 en physique et 34 en Sciences de la Vie et de la Terre.

Pour les variables (indépendante et dépendante) les échelles de mesure sont de deux ordres : Jamais/Souvent/Toujours et Pas du tout/Parfois/Tout à fait. Pour la variable dépendante on aura Nulle/Plus ou moins effective/Effective. L'instrument de collecte des données est le questionnaire pour recueillir des données de type quantitatif et l'entretien pour combler les explications sur le plan qualitatif.

L'analyse s'est faite sur le truchement d'une part, de la statistique descriptive avec l'utilisation du logiciel SPSS. La statistique inférentielle est l'analyse de régression multiple qui permet de vérifier le lien existant entre plusieurs facteurs et le comportement étudié. Ce faisant, il s'agit de vérifier le lien existant entre le sentiment d'efficacité personnelle (variable indépendante), les stratégies cognitives (variable intermédiaire) et l'insertion des filles dans les filières scientifiques (variable dépendante).

5-PRESENTATIONS DES RESULTATS

Les résultats de la présente étude se présentent en deux catégories à travers la statistique descriptive et la statistique inférentielle. La première sur l'identification des enquêtés et la présentation des indicateurs des variables de la présente recherche. La seconde sur la vérification des hypothèses suivie de l'interprétation des résultats obtenus.

5.1. Présentation des résultats de l'approche descriptive

De l'approche descriptive des résultats, il ressort en général que l'âge majoritairement représenté dans cette étude est situé entre 18 et 23 ans soit 54,3% de l'échantillon de la première année du second cycle contre 44,8% de la seconde année qui a entre 24 et 29 ans. Ces données montrent que les filles sont de plus en plus jeunes qui choisissent les filières scientifiques. Ceci est encore d'autant plus vrai que l'âge d'entrée à l'Ecole Normale Supérieure pour le second cycle est inférieur à 31 ans. Au niveau de la répartition de ces enquêtés par filière, il ressort que les filles se trouvent en majorité dans les sciences de la vie et de la terre avec un pourcentage de 32,4% suivi de celui de la chimie qui est de 26,7%. Filières apparemment à cheval entre la littérature et les sciences dures. Ceci se confirme au regard de leur représentativité au niveau des autres filières où elles ont un pourcentage de 9,5% en informatique, 15,2% en physique et 16,2% en mathématiques. En fait, pour ce qui est de la filière informatique, ce faible taux peut s'expliquer par le fait qu'elle est récente et, en plus, elle est une application concrète de la mathématique dans la résolution des problèmes au quotidien.

Par ailleurs, en parcourant les quelques résultats des indicateurs des variables du sujet, deux résultats sont évocateurs. Le premier sur la connaissance qu'ont les filles de leurs forces et faiblesses par rapport à leur discipline. 64,8% disent qu'elles sont tout à fait en accord des connaissances et de la capacité de résister aux épreuves et de leur habileté à se corriger.

Le deuxième résultat est la capacité à comprendre la signification de la consigne. Il ressort que 71,4% des filles fournissent toujours des efforts pour comprendre la signification des consignes. De ce qui précède, il est à relever que les deux indicateurs appartiennent respectivement au sentiment d'efficacité personnelle et à la capacité des filles à mobiliser les stratégies cognitives. Ce qui explique la persévérance chez ces filles à mobiliser toutes leurs forces physiques et intellectuelles pour atteindre leurs objectifs.

5.2. Présentation des résultats de l'approche inférentielle

Après cette analyse descriptive des résultats de l'étude, la deuxième phase consiste à partir de l'analyse inférentielle, pour vérifier les hypothèses de recherche et interpréter les résultats.

La première hypothèse a été vérifiée à partir du test de régression dont les résultats se présentent comme suit : Sig (0,010) < & (0,05) avec une marge d'erreur de 0,05. Par conséquent, l'on peut conclure que la croyance en leurs capacités associée aux efforts de raisonnement chez les filles favorisent leur insertion dans les filières scientifiques. En se référant au coefficient de détermination R qui est (0,010), on peut conclure qu'il existe un lien significatif entre ces deux variables. Toutefois, ce lien de significativité est fort car R s'éloigne de 0,05. Ce lien traduit de façon générale leurs fortes croyances d'efficacité, de compétence, et leurs sentiments de détermination lesquels favorisent leurs capacités à mobiliser la motivation et les ressources cognitives en vue de mieux s'insérer dans les filières scientifiques.

C'est dans cette optique que la théorie sociale cognitive évoquée trouve tout son sens car, elle permet d'expliquer le comportement psychologique de ces apprenantes en termes de croyances, de confiance, de persistance, de dépenses, d'efforts et de performances. En plus, cette théorie montre que les croyances que ces étudiantes ont à l'égard de leurs capacités à accomplir avec succès une tâche sont à compter parmi les principaux mécanismes régulateurs de comportements. De même, le jugement qu'elles font à propos de leurs capacités leur permet de choisir leurs stratégies cognitives ou stratégies d'apprentissage, à déterminer leurs dépenses d'efforts et le type de comportement à choisir. Autrement dit, elles croient fermement en leurs capacités et ont une confiance en soi élevée. Elles ont tendance à prendre les choses du bon côté et à être confiantes dans l'avenir. Ceci se résume par les attitudes optimistes et les idées positives qu'elles ont par rapport à leurs études.

La deuxième hypothèse comme la première a été vérifiée à partir du test de régression dont les résultats se présentent comme suit : Sig (0,0181) < & (0,05) avec une marge d'erreur de 0,05. Par conséquent, l'on peut conclure que la confiance que les filles ont de leurs potentiels associée à la capacité d'analyse favorise leur insertion dans les filières scientifiques. En se référant au coefficient de détermination R qui est (0,0181), on peut conclure qu'il existe un lien significatif fort entre ces deux variables. Ce fort lien traduit dans une large mesure la bonne connaissance que les étudiantes ont d'elles-mêmes, la conscience qu'elles ont de leurs points forts et de leurs points faibles et la certitude qu'elles ont dans ce qu'elles font. Tout ceci renvoie à certains indicateurs du sentiment d'efficacité élevé. En se référant à la théorie sociale cognitive, on constate que la confiance que ces étudiantes ont d'elles-mêmes augmente leurs capacités métacognitives à réfléchir sur elles-mêmes, sur la pertinence de leurs pensées et leurs actions. Enfin, sur l'estimation de leurs forces et de leurs faiblesses dans une situation d'apprentissage donnée afin de porter un jugement sur leurs propres compétences.

En ce qui concerne la démarche cognitive que ces étudiantes utilisent, elle renvoie à leurs capacités élevées d'analyse. Capacités matérialisées non seulement par le souci de discernement qu'elles ont à travers un effort d'attention et de perception mais aussi, une bonne connaissance sur les différentes étapes de résolution de l'exercice. Ce qui agit impérativement sur leurs autodéterminations.

La troisième hypothèse aussi a été vérifiée à partir du test de régression dont les résultats se présentent comme suit : Sig (0,011) < & (0,05) avec une marge d'erreur de 0,05. Par conséquent, l'on peut conclure que l'hypothèse nulle est rejetée et l'hypothèse alternative validée. Il existe alors un lien significativement fort entre la motivation intrinsèque des filles associée à leurs efforts de compréhension et qui déterminent leur insertion dans les filières scientifiques. Autrement dit, ce fort lien traduit que les étudiantes des filières scientifiques sont fortement motivées et cette motivation se traduit par l'intérêt, l'engagement et la persévérance élevés qu'elles ont à l'égard de leurs études.

Vallerand *et al* (*op.cit*) montrent à ce propos que quatre facteurs déterminent la motivation intrinsèque à savoir : la curiosité, l'autodétermination, le sentiment de compétence et la conscience des buts. Les résultats sont édifiants à propos de ces caractéristiques vis-à-vis de ces étudiantes. Comme stratégie d'apprentissage, elles usent de l'effort de compréhension se matérialisant par le souci de bien saisir le sens et la signification des choses. Elles mobilisent en plus, toutes leurs forces physiques et intellectuelles pour résister et surmonter les difficultés afin d'atteindre leurs objectifs et de pouvoir s'insérer dans lesdites filières à travers une bonne gestion de soi manifestée par une forte croyance d'efficacité.

6-DISCUSSION ET CONCLUSION

Dans le cadre de cette recherche on pouvait convoquer trois approches pour interroger ce phénomène. Par exemple, comprendre le phénomène des mutations sociales, de l'approche transformationnelle des représentations en rapport à l'objet d'étude (école, sexe ou la profession) et éventuellement comprendre cette dynamique progressive de l'accès des filles dans les filières scientifiques au regard de la théorie de la mobilité sociale.

D'abord, les sociétés sont en mutation perpétuelle. Ce qui sur le plan épistémologique appelle à une modification des paradigmes explicatifs des phénomènes sociaux. Avec l'arrivée du capitalisme et de son corolaire le néolibéralisme, les identités ont changé et ont poussé tout le monde, hommes et femmes, dans le monde du marché. Ce qui, par ailleurs ne facilite pas leur intégration facile avec la crise économique mondiale. Le décloisonnement sexuel des professions est désormais une valeur sur laquelle la société néolibérale justifie son paradigme capitaliste.

Ensuite, cette problématique liée aux mutations ne reste pas sans conséquence sur les représentations des sujets. Pourvue d'un système périphérique, la représentation est à la fois stable et stabilisatrice : stable, car l'ensemble de ses éléments se trouvent alors rapporté à un même corps de principes normatifs et fonctionnels ; stabilisatrice pour ce qui concerne les rapports à l'environnement, puisque la représentation a précisément pour rôle majeur de guider le jugement et l'action, la compréhension du monde et les pratiques que vont adopter les sujets. Pétard (2009), montre à ce propos que tant que l'environnement ne change pas, la représentation n'a donc aucune raison de se modifier. Or cet environnement a justement pour caractéristique principale d'être instable. Il évolue sans cesse, et ces variations conduisent inévitablement en cause la représentation. Cette évolution de l'environnement a pour effet de provoquer l'émergence de pratiques nouvelles pour le groupe, qui peuvent être imposées par l'événement lui-même ou que le groupe s'impose pour s'adapter aux circonstances nouvelles. Ce qui peut justifier pourquoi cette pratique nouvelle relative au choix de ces étudiantes des filières dites « masculines » peut être perçue comme une conséquence des transformations de la représentation sociale. En fait, sous certaines conditions, les représentations relatives à l'objet considéré en sont affectées et se transforment pour s'adapter. En fait, il y a transformation d'une représentation si les événements de l'extérieur sont pertinents et persistants dans la durée. Ce qui amène inéluctablement un changement au niveau des éléments centraux de celle-ci.

Enfin, il est temps de voir la technique d'orientation et tenir compte des éléments d'appréciation en orientation scolaire lesquels éléments se déclinent en majeurs (les résultats aux tests psychotechniques, les notes scolaires, l'âge, les vœux professionnels ...) et en mineurs (le côté social, la situation socioéconomique...) indispensables pour une orientation judicieuse de l'apprenant. Cela revient à dire que les spécialistes en orientation conseil devraient sortir de l'ère de l'orientation sexiste, des vœux des parents, des représentations sociales pour agir en véritables professionnels. Pour y arriver, il faudrait que les élèves soient initiés à l'élaboration du projet scolaire académique dès l'école primaire. Ce qui permettra aux spécialistes en orientation conseil à partir des dispositifs psychologiques et matériels de canaliser les schèmes comportementaux des apprenants par rapport à leur projet scolaire et académique.

Il ressort de ce qui précède, que la présente recherche aurait par exemple pu évoquer la question de l'éducation familiale et culturelle d'une part, et d'autre part, la problématique de l'identité scolaire. D'autres pans de ce sujet pouvaient ainsi trouver une visibilité dans la présente recherche.

En définitive, au-delà de ces perspectives ouvertes à cette modeste recherche, il est à rappeler son principal objectif. Le principal était de rendre intelligible la question de l'insertion de plus en plus croissante des filles dans des filières scientifiques constatées à l'Ecole Normale Supérieure de Maroua. Afin de souscrire aux facteurs explicatifs pouvant sous-tendre l'évidence d'un tel phénomène, l'association du sentiment d'efficacité personnelle aux stratégies cognitives a servi de cause principale présumée à la compréhension de cette évolution en termes d'insertion des filles dans des filières jadis réservées aux hommes. Pour y parvenir, les exigences heuristiques liées à cette étude ont permis de décomposer l'hypothèse principale en hypothèses de recherche, le choix de la régression multiple comme technique d'analyse des données et de vérification de ces hypothèses. Il ressort que les filles qui choisissent ou s'insèrent dans les filières scientifiques ont non seulement une forte dotation en leur sentiment d'efficacité personnelle, mais aussi, mettent sur pied diverses stratégies cognitives en vue de concrétiser et de matérialiser leurs vœux, leurs aspirations pour enfin s'insérer dans lesdites filières.

RÉFÉRENCES BIBLIOGRAPHIQUES

1-Dictionnaires et Encyclopédies

-Karl Lagerfeld (2009). *Le petit Larousse.* Paris : Prestige.

-Sillamy, N. (1996), *Dictionnaire de la Psychologie.* Paris : Larousse.

2-Ouvrages

-Bandura, A. (1989). *Auto efficacité : Le sentiment D'efficacité personnelle.* Amazone France : De Boeck Supérieur.

-Bourdieu, P., Passeron, J. C. (1970). *La reproduction.* Paris : Minuit.

-De Beauvoir, S. (1949). *Le deuxième sexe.* Paris : Gallimard.

-Durkheim, E. (1895). *Les règles de la méthode sociologique.* Paris : Presses Universitaires de France.

-Ferrand, M., Imbert, F., Marry, C. (1999). *L'excellence scolaire : une affaire de famille. Le cas des normaliens scientifiques.* Paris : Harmattan.

-Fonkoua (2006). *Femme et éducation au Cameroun : de la logique d'un état à l'état d'une logique.* Paris : L'Harmattan.

-Héritier,F. (2010). *Hommes, femmes : la construction de la différence.* Paris : Editions Le Pommier.

-Ginddens, A. (1989). *Sociology.* Oxford. 4th Revised edition

-Héritier, F. (1996). *Masculin/féminin, la pensée de la différence.* Paris : Odile Jacob.

-Javeau, C. (1986). *Leçon de sociologie* .Paris. Klincksieck.

-Journet, C. (1998). *L'église du verbe incarné : essai de théologie spéculative. La hiérarchie apostologique.* Amazone France : Saint Augustin.

-Levi Strauss, C. (1983). *Le regard éloigné.* Paris : Plon.

-Mendras, E. (1996). *Eléments de sociologie.* Paris: Armand Colin.
-Mosconi, N. (1994). *Femmes et savoir. La société, l'école et la diffusion sexuelle des savoirs.* Paris : Harmattan.
- Tertullien (1971). *La toilette des femmes.* Paris : CERF.
-Touraine, A. (1974). *Pour la sociologie*. Paris : Seuil.
-Van Pelt, N. (1989). *Vivez et communiquez.* Madrid : Safeliz.
-Vouillot, F. (2007). *L'orientation aux prises avec le genre : travail, genre et société.* Paris : La Découverte.

3-Articles

-Menye Ngah, F.G. (2012). Représentation sociale de la femme et attribution de responsabilité. Approche psychosociale du genre dans l'administration publique. *Revue Les idées reçus.* 15(14). 70-84.
-Nkelzock Komtsindi, V. (2009). Stratégies d'autorégulation, prise de conscience et performance intellectuelle chez les étudiants camerounais. *Revue pluridisciplinaire de l'Ecole Normale Supérieure de Maroua (Cameroun).* Série lettres et Sciences Humaines. Yaoundé-Cameroun. Les grandes éditions. 1(1).30-41.

4-Thèse

Bingono E. (2011). *Représentation sociale de l'école et aspiration à poursuivre de longues études. Cas des élèves des classes de terminale de la ville de Maroua.* Thèse de Doctorat/Ph.D Soutenue à la Chaire UNESCO de l'Université Marien-Ngouabi à Brazzaville au Congo.

5-Sites internet

-Rapport du Jury, Capes de sciences économiques et sociales (1998). « Problématique » *In www.google.fr*

Le Cameroun
aux éditions L'Harmattan

Dernières parutions

PROFILS ET PRATIQUES D'ENTREPRENEURS CAMEROUNAIS
Expériences et témoignages
Kamdem Emmanuel - Avec la collaboration de Raphaël Nkakleu
Cet ouvrage présente des monographies d'entreprises effectuées au Cameroun, dans le but de mieux connaître l'organisation et le fonctionnement des PME. Il est le résultat d'une étude de terrain menée auprès des différents acteurs impliqués dans la création et la gestion des entreprises. Les différentes expériences entrepreneuriales camerounaises présentées dans cet ouvrage invitent à relativiser ces images et à penser qu'un tel diagnostic peut et doit être revisité. L'ouvrage propose également un cadre de modélisation de l'évolution de la PME camerounaise.
(Coll. Diversité culturelle et dynamique des organisations, 25.50 euros, 246 p.)
ISBN : 978-2-343-03731-8, ISBN EBOOK : 978-2-336-37950-0

L'AUTONOMIE FINANCIÈRE DANS LA MISSION D'ÉVANGÉLISATION DE L'ÉGLISE EN AFRIQUE
Le cas du Cameroun
Ngono Honorine - Préface de Mgr Joseph Atanga
Les Églises d'Afrique connaissent des difficultés dans la réalisation de la mission d'évangélisation, dont la principale est la prise en charge financière des besoins pastoraux. Face à cette situation, l'auteur propose ici quelques orientations pastorales telles que penser et construire l'autonomie financière de l'Église, revitaliser les structures de gestion des diocèses, renforcer la communion des fidèles et planifier la gestion des ressources.
(Coll. Églises d'Afrique, 39.00 euros, 408 p.)
ISBN : 978-2-343-06180-1, ISBN EBOOK : 978-2-336-37687-5

LA PRATIQUE DU CONTRÔLE FISCAL DES PRIX DE TRANSFERT DANS L'ESPACE CEMAC
Le cas du Cameroun
Ayangma Ayangma Joseph - Préface de Pierre Alaka Alaka
L'appartenance à un groupe de sociétés confère des privilèges dont les prix de transfert sont l'illustration majeure. L'administration fiscale camerounaise doit donc être précautionneuse face aux flux intergroupes car il y a souvent manipulation frauduleuse des prix de transfert. Le Cameroun a initié, à l'instar des autres États de la

CEMAC, des dispositifs juridiques de contrôle. Ce dispositif en chantier et inabouti est de nature ambivalente au regard de son caractère national et transnational.
(Harmattan Cameroun, 37.00 euros, 364 p.,)
ISBN : 978-2-343-04069-1, ISBN EBOOK : 978-2-336-37410-9

LE NATIONALISME CAMEROUNAIS DANS LES PROGRAMMES ET MANUELS D'HISTOIRE
Segnou Etienne
Préface d'Albert Mandjack - Postface de Ferdinand Chindji-Kouleu
Plus de 50 ans après les faits, un ouvrage tente d'étudier scientifiquement ce qu'on enseigne aux élèves et étudiants camerounais sur l'histoire de la lutte indépendantiste, au Cameroun, ainsi que sur celle de toutes les luttes anticolonialistes dans ce pays. Dans les programmes et manuels d'histoire, le nationalisme camerounais est occulté, présenté de façon vague. L'histoire du nationalisme camerounais renferme des faits qui, s'ils étaient connus de la jeunesse camerounaise, pourraient ébranler les fondements de l'État camerounais.
(Harmattan Cameroun, 38.50 euros, 392 p.,)
ISBN : 978-2-343-04706-5, ISBN EBOOK : 978-2-336-37361-4

DOUALA ET LA RÉPARTITION SPATIALE DES ENTREPRISES
Polarisation et fragmentation
Essombe Edimo Nya Bonabebe Jean-Roger - Préface de Bernard Pecqueur
Cet ouvrage se veut une introduction à la compréhension de l'économie de la ville de Douala, à travers les mutations spatiales à l'œuvre sur ce territoire et sous l'effet des dynamiques de localisation des entreprises en son sein. L'analyse est proposée en intégrant les questions vives de l'économie territoriale (attractivité territoriale, mondialisation, compétitivité...) et en interrogeant le rôle des acteurs situés (privés et publics) pour le développement futur de la ville.
(Harmattan Cameroun, 29.00 euros, 280 p.)
ISBN : 978-2-343-05701-9, ISBN EBOOK : 978-2-336-37402-4

JOSEPH CUNIBERT NKONDONGO OBAMA
Héraut de l'éducation (1913-1980)
Yumbi Protais – Préface de Jean Paul Messina – Postface de Bienvenu Obama
Cette biographie retrace le parcours atypique d'un homme, héraut de l'éducation et du christianisme social au Cameroun, dont l'existence et l'œuvre sont reléguées aux oubliettes. Pourtant, il a marqué de son empreinte indélébile la vie de plusieurs générations et l'activité socioéducative au Cameroun, dépendant et indépendant. Cet ouvrage constitue un devoir de mémoire et un hommage mérité, car un proverbe dit que «celui qui a planté un arbre avant de mourir, n'a pas vécu inutilement».
(Harmattan Cameroun, 16.50 euros, 160 p., , Illustré en noir et blanc)
ISBN : 978-2-343-05885-6, ISBN EBOOK : 978-2-336-37421-5

MIGRATION CHINOISE ET DÉVELOPPEMENT AU CAMEROUN
De Prince Pokam Hilaire
Cette étude vise à explorer le rôle de la migration chinoise dans le processus de développement depuis l'établissement des relations diplomatiques entre

le Cameroun et la République populaire de Chine. Les migrants chinois au Cameroun créent avec le pays d'origine et le pays d'accueil une structure sociale triangulaire dynamisée par leurs multiples activités et contribuent à la réussite de la stratégie «gagnant-gagnant-gagnant». Ils sont à la fois acteurs, effets et enjeux de la mondialisation.
(Coll. Études africaines, série Économie, 12.50 euros, 106 p.)
ISBN : 978-2-343-05606-7, ISBN EBOOK : 978-2-336-37206-8

COMMUNICATION ET ENTRAIDE ENTRE MORTS ET VIVANTS EN AFRIQUE
L'exemple des Maka du Cameroun
Tchouand Mpa John Tomy
Préface d'Eugène Booh Bateng
Cet ouvrage essaie de montrer en quoi la communication cachée, « crypto-communication », peut constituer un vecteur d'entraide entre morts et vivants chez les Maka du Cameroun. À cet effet, une analyse, fondée sur le structuro-fonctionnalisme, l'ethnométhodologie et l'approche dynamiste, a permis de mettre en relief la philosophie existentielle, l'économie communicative et l'entraide entre les morts et les vivants au sein de l'ethnie Maka.
(Coll. Harmattan Cameroun, 15.50 euros, 152 p.)
ISBN : 978-2-343-05500-8, ISBN EBOOK : 978-2-336-37139-9

LE VAMPIRISME DES ENTREPRISES CAMEROUNAISES
Un frein à l'émergence
Verla Fonkika Dinven
Le vampirisme des entreprises camerounaises ne se limite pas aux seules activités économiques ou à leur rapport avec l'État. En réalité, elles vont jusqu'à aspirer la richesse des populations qui sont expropriées de leurs terres et de leurs ressources. Quand bien même ces populations sont embauchées dans les entreprises, elles perçoivent des salaires dérisoires. Ce livre décrit tout en la décriant la situation dans laquelle des entreprises sans scrupules mettent en péril le projet d'émergence du Cameroun.
(Coll. Harmattan Cameroun, 13.00 euros, 112 p.)
ISBN : 978-2-343-05496-4, ISBN EBOOK : 978-2-336-37189-4

UN BÂTISSEUR DE RÊVES
Récit de vie
Walch-Virgili Dominique
C'est au cours d'une mission au Cameroun que Dominique Walch-Virgili a rencontré Pierre-Blaise Ango. Cet homme hors du commun est un *leader* inédit du développement agricole africain. Destiné par son grand-père à devenir chef de village traditionnel du centre-est du Cameroun, son parcours atypique l'a conduit à occuper des postes à responsabilité. Sa force : n'avoir jamais renié ses origines et ses valeurs. Cet ouvrage retrace son parcours et sa philosophie.
(22.00 euros, 224 p., Broché, Illustré en noir et blanc)
ISBN : 978-2-343-05713-2, ISBN EBOOK : 978-2-336-37283-9

L'ÉDUCATION AU CAMEROUN, ENTRE CRISES ET AJUSTEMENTS ÉCONOMIQUES
Fozing Innocent
Cet ouvrage procède à la mesure des paramètres du développement éducatif, de rendement scolaire et des possibilités d'insertion des jeunes issus du système éducatif dans les secteurs productifs de l'économie nationale en période d'ajustement économique. Puis il en tire des enseignements de politique éducative dans une perspective d'engagement du système éducatif dans une dynamique de contribution réelle au processus de développement économique et social du Cameroun.
(Coll. Éducations et sociétés, 23.00 euros, 220 p.)
ISBN : 978-2-343-05076-8, ISBN EBOOK : 978-2-336-37183-2

SPECTACLES VIVANTS AU CAMEROUN
De la production à l'organisation d'une tournée
Bizo Aimey, Clerget Marie-Anne
Ce guide richement illustré met à disposition des conseils, des techniques et des méthodes utiles à la production et à l'organisation d'un spectacle au Cameroun et à l'entrepreneuriat de sa tournée sur un plan local et international : démarches administratives pour l'obtention des autorisations et des visas, méthodes techniques et de financement de la production, de la diffusion et de l'administration d'un spectacle ou d'une tournée, exemples de fiches, de contrats et de budgets...
(35.00 euros, 376 p.)
ISBN : 978-2-343-04443-9, ISBN EBOOK : 978-2-336-37223-5

DIDATTICA DELL'ITALIANO
Livello 1
Bikitik Mathias Hyppolite
Questo libro è destinato agli alunni di classe di 4ème. È il primo di una serie di cinque, per ogni classe della 4ème alla Terminale. (Ouvrage entièrement en Italien.)
(Coll. Harmattan Cameroun, 20.00 euros, 116 p.)
ISBN : 978-2-343-05366-0, ISBN EBOOK : 978-2-336-37123-8

THÉORIE ET PRATIQUE DU COURS ENTRE PÉDAGOGIE ET DIDACTIQUE
Traité de didactique générale à l'usage du normalien
Mbia Claude Marie
La volonté politique d'amélioration du taux d'alphabétisation au Cameroun a entraîné une véritable inflation de la diffusion pédagogique des savoirs, au point que beaucoup perçoivent et conçoivent la fonction pédagogique non pas comme un métier qui s'apprend mais davantage comme une activité relevant du bricolage ou de l'improvisation. Ce traité voudrait contribuer à faire des amateurs de l'enseignement d'aujourd'hui de véritables professionnels de la communication des savoirs de demain.
(Coll. Enseignement et éducation en Afrique, 15.50 euros, 152 p.)
ISBN : 978-2-343-05813-9, ISBN EBOOK : 978-2-336-37204-4

L'HARMATTAN ITALIA
Via Degli Artisti 15; 10124 Torino
harmattan.italia@gmail.com

L'HARMATTAN HONGRIE
Könyvesbolt ; Kossuth L. u. 14-16
1053 Budapest

L'HARMATTAN KINSHASA
185, avenue Nyangwe
Commune de Lingwala
Kinshasa, R.D. Congo
(00243) 998697603 ou (00243) 999229662

L'HARMATTAN CONGO
67, av. E. P. Lumumba
Bât. – Congo Pharmacie (Bib. Nat.)
BP2874 Brazzaville
harmattan.congo@yahoo.fr

L'HARMATTAN GUINÉE
Almamya Rue KA 028, en face
du restaurant Le Cèdre
OKB agency BP 3470 Conakry
(00224) 657 20 85 08 / 664 28 91 96
harmattanguinee@yahoo.fr

L'HARMATTAN MALI
Rue 73, Porte 536, Niamakoro,
Cité Unicef, Bamako
Tél. 00 (223) 20205724 / +(223) 76378082
poudiougopaul@yahoo.fr
pp.harmattan@gmail.com

L'HARMATTAN CAMEROUN
TSINGA/FECAFOOT
BP 11486 Yaoundé
699198028/675441949
harmattancam@yahoo.com

L'HARMATTAN CÔTE D'IVOIRE
Résidence Karl / cité des arts
Abidjan-Cocody 03 BP 1588 Abidjan 03
(00225) 05 77 87 31
etien_nda@yahoo.fr

L'HARMATTAN BURKINA
Penou Achille Some
Ouagadougou
(+226) 70 26 88 27

L'HARMATTAN SÉNÉGAL
10 VDN en face Mermoz, après le pont de Fann
BP 45034 Dakar Fann
33 825 98 58 / 33 860 9858
senharmattan@gmail.com / senlibraire@gmail.com
www.harmattansenegal.com

www.ingramcontent.com/pod-product-compliance
Lightning Source LLC
LaVergne TN
LVHW011315061026
849535LV00005B/1562
9782343117133